CEO처럼
일하라

성 공 의 첫 번 째 비 결

CEO처럼
일하라

김상배·장병휘 지음

한국경제신문

내 인생의 CEO

CEO^{Chief Executive Officer}, 최고경영자로 해석되는 단어다. 다양한 사람들이 모여 함께 일하는 회사의 가장 높은 위치에서 의사결정을 내리는 사람이 CEO다.

회사의 CEO는 일반적으로 단 한 명뿐이다. 규모가 비교적 큰 회사에서는 분야에 따라 CFO^{Chief Financial Officer}, COO^{Chief Operating Officer}, CIO^{Chief Information Officer} 등 CEO와 유사한 단어의 직책도 있지만 이들 역시 한 분야의 의사결정권자이긴 하나 최고경영자는 아니다.

'다들 내 마음 같지 않네'
'나 같으면 이렇게 하겠는데 조금 서운하네'

일을 하다 보면 나와 생각이 같은 사람, 의견이 일치하는 사람도 만나지만 그렇지 않은 사람을 더 많이 만난다. 의욕을 갖고 열심히 하는 동료도 있지만, 대충 시간을 때우는 동료도 있다. 때론 이렇게 중요한 일을 어쩌면 이리도 남 얘기하듯 할 수 있을까 하는 생각이 들 정도로 야속한 사람도 있다.

어떤 마음을 갖느냐, 어떤 마음가짐으로 일하느냐에 따라 일에 대한 자세와 회사에 대한 태도가 달라진다. 그래서 마음이 서로 통할 때 함께 일하는 두 사람은 더 없이 좋은 파트너가 되지만, 서로 다른 마음을 먹고 있을 때는 냉랭한 남남이 되는 것이다.

CEO도 자신과 같은 마음으로 일하는 사람을 원한다. 직위와 역할을 다르지만 최고의사결정권자인 자신과 같은 마음을 가진 사람을 간절히 원한다. 그리고 이와 같은 CEO의 마음 한가운데에는 자신이 바로 CEO라는 생각이 자리 잡고 있다.

무엇보다 CEO는 주인이라는 마음으로 일한다. CEO는 자신의 임무와 역할, 회사와 직위가 다른 사람이 아닌 자신의 것이라는 뚜렷한 생각을 갖고 일한다. 이것이 바로 CEO의 마음이다.

모든 직장인이, 모든 사람이 CEO의 마음으로 일해야 하는 이유는 우리 모두가 CEO이기 때문이다. 모든 사람은 자기 인생의 CEO다. 모든 직장인은 자기 업무의 CEO다. 다른 사람의 눈엔 낮게 보이더라도 나에겐 높디높은 봉우리일 수 있고, 남이 보기엔 산책처럼 여겨질지라도 나에겐 단단한 각오 없인 오르기 힘든 험한 여정일 수 있다. 따라서 대리든 팀장이든 자신의 위치에서 올라야 할 정상을 향해, 회계를 하든 영업을 하든 자신의 분야에서 정복해야 할 최고봉을 향해 CEO의 마음으로 일해야 한다.

이것이 주인의식이고 기업가정신이다. 복잡한 설명이나 학문적 접근이 아니더라도 내 인생의 주인이 나라는 생각, 내 일의 주인이 팀장이나 상사가 아니라 오직 나뿐이라는 마음가짐이 CEO의 마음이다.

이 책에서는 인생을 CEO로 살고 있는지, 어느 자리이든 CEO의 마음으로 일하고 있는지 확인하기 위해 15개의 질문을 던진다. 이 질문에 대한 진솔한 답변을 통해 인생의 작전권을 내팽개치거나, 일의 소유권을 다른 사람에게 넘겨준 것은 아닌지 돌아보기 바란다. 15가지 질문에 대한 깊은 통찰을 통해 정상에 오르려면 어느 방향으로 가야 하는지, 등정의 방법이 올바른지 점검하며, 무엇보다 나태와 매너리즘으로 정상은커녕 산중턱까지 가는 일도 귀찮고 힘들다는 마음을 떨쳐낼 수 있기를 바란다.

이 책을 통해 작게는 직장생활, 크게는 인생 전체에서 가장 중요한 '마음'을 새롭게 하고 업그레이드하여 CEO의 마음으로 일하는 새 출발의 기회를 거머쥐길 간절히 바란다.

차례

PART 1

CEO처럼
고민하라

고민의 대상은 사람마다 다르다. 유치원생은 생일선물로 무엇을 사달라고 할까 고민하고, 중학생은 이마에 핀 여드름을 고민한다. 고민의 수준 역시 사람마다 다르다. 신입사원은 복사용지를 낭비하는 잦은 실수를 어떻게 줄일 수 있을까 고민하고 사업부를 맡고 있는 상무는 서로 으르렁대는 두 팀장 때문에 고민한다.

무엇을 고민하느냐, 어떤 수준으로 고민하느냐는 그 사람의 관심 대상이 무엇인지 뿐만 아니라 그 사람의 생각의 깊이를 말해준다. 그렇다면 지금 당신은 무엇을 고민하고 있는가? 당신의 골머리를 아프게 하는 고민거리는 무엇인가? 고민을 넘어 번뇌의 몸부림을 치게 만드는 대상은 무엇인가?

5개의 질문을 자신에게 던져보자. 이를 통해 나는 회사의 주인으로서 치열하게 고민하고 있는지, 아니면 방관자로서 '아니면 말고' 식의 훈수만 두고 있는지 생각해보자. 내가 하고 있는 고민이 얼마나 넓고 깊은지 스스로 돌아보며 CEO처럼 고민하기 위한 방법을 찾아보자.

왜 관두지 않고
오늘도 출근했는가?

모처럼 만난 고교동창과 새벽 2시까지 달린 신 대리는 피곤이 잔뜩 묻은 얼굴로 엘리베이터를 기다리고 있다.

'시간이 간당간당한데 엘리베이터는 왜 이리 안 와. 출근도장만 찍고 바로 나와서 해장 좀 해야겠다'

이런 생각을 하며 자신과 함께 엘리베이터를 기다리는 사람들을 무심코 쳐다보니 하나같이 게슴츠레한 얼굴이었다. 그런데 상태가 '메롱'인 사람들 사이로 성큼성큼 걸어오는 사람이 보였다. 아침부터 장어를 먹은 것도 아닐 텐데 왜 이리 활력이 넘치는 발걸음과 표정인지 의아했다.

'저 사람 누구지? 이 빌딩에서 못 보던 얼굴인데?'

신대리는 얼마 지나지 않아 그가 새로 입주한 회사의 CEO라는 사실을 알게 되었다.

행복을 원하지만 행복하지 않은 직장인

사람은 누구나 행복하기를 원한다. 직장인 역시 행복을 원하며, 행복하게 회사에 다니기 원한다. 일과의 대부분을 보내는 회사에서 불행해도 괜찮다는 직장인은 없을 것이다. 그러나 21세기 대한민국 직장인은 대부분 행복하지 않다.

엄청난 노동 강도에 비해 턱없이 부족한 보람, 과중한 업무량보다 더 힘든 인간관계로 인해 회사생활이 행복하다는 사람은 거의 없는 실정이다.

실제로 몇 년 전 한 직업포털업체가 조사한 '대한민국 직장인 행복만족도' 의 결과, 현재 행복하다는 직장인은 18%에 불과했다. 나머지 응답자는 보통이거나 행복하지 않다고 응답했다. 솔직히 자신에게 질문을 던져보자. 지금 바로 여기에 있는 당신은 행복한가? 아침에 출근할 때마다 '오늘은 어떤 일이 일어날까?'를 생각하며 흥미진진한 기대감으로 사무실에 들어서는가? 아니면 출근과 동시에 퇴근을 꿈꾸며, 월요일부터 주말을 기대하며 하루하루를 꾸역꾸역 보내고 있는가?

그런데 똑같이 직장생활을 하는데 유독 행복해 보이는 사람이 있다. 어려움이 없는 것은 아니지만 늘 활기가 넘치고 사무실에 나오는 것을 즐거워한다. 바로 CEO다. CEO는 대부분 회사에 나오는 것을 좋아한다.

어떻게라도 회사를 안 나왔으면 하고, 무슨 수를 써서라도 사무실에서 빨리 빠져나오려고 하고, 갖은 방법을 써서 외근을 나온 후에는 '직퇴'를 노리는 여느 사람들과 달리 CEO는 어떻게 해서든 일을 하려고 한다. 무엇이 CEO와 직장인의 차이를 만드는 걸까?

막연한 소망을 넘어 목적을 염원하라

그 차이는 바로 목적에서 비롯된다. 목적이 무엇이고, 목적이 얼마나 뚜렷한가에 따라 직장은 행복한 안방이 될 수도 있고 불행한 광야가 될 수도 있다.

행복한 직장생활을 위해서는 소망이 아닌 목적이 필요하다. 막연하게 행복했으면 좋겠다, 돈을 많이 벌면 좋겠다는 소망이 아니라 일을 하는 이유를 분명히 정립하고, 일을 통해 이루고자 하는 목적을 명확히 세워야 한다. 별일 없이 시계바늘처럼 생존하는 것이 아니라, 별 볼 일 있는 사람이 되어 활기찬 생활을 하기 위해 가장 중요하고 시급한 일은 일하는 목적에 대한 자신만의 생각을 정립하는 것이다.

왜 회사에 다니는가?

／ 왜' 라는 질문이 당신의 지속적인 행복을 좌우한다.'

스티븐 코비는 '질문'을 '내면에서부터 변화하여 외부로 향하는 접근법'이라고 정의했다. 정말로 질문에는 스스로를 점검하고 깊은 사색과 성찰을 지속하게 하는 힘이 있다. '왜' 라는 질문은 눈에 보이는 피상적인 수준을 넘어 내면 깊은 곳의 본질과 정수 essence의 목적을 깨달을 수 있는 가장 좋은 방법이다. '왜' 라는 질문을 멈추지 않고 계속함으로써 일의 본질과 목적을 깨달을 수 있다. '왜' 라는 질문을 하면 할수록 내가 이 일을 왜 해야 하는지에 대한 사명감이 깊어지고, 자신이 하고자 하는 일이 얼마나 중요한가를 온몸으로 깨닫게 된다.

이와 같은 생각을 바탕에 두고 잘 생각해보자. 회사원이라는 직업을 갖고 아침마다 다른 곳이 아닌 회사로 출근하는 당신, 잠자는 시간을 빼고는 집보다 훨씬 더 많은 시간을 회사에서 보내는 당신은 왜 회사를 다니고 있는가? 왜 오늘도 회사에 출근했는가? 왜 당신은 회사를 그만두지 않고 있는가?

이와 같은 질문에 대한 진솔한 답이 당신이 생각하는 회사의 의미, 당신이 회사를 다니는 이유가 된다.

회사는 돈 버는 곳

실존에서 벗어날 수 있는 사람은 아무도 없다. 살기 위해 밥을 먹고 죽지 않으려면 숨을 쉬어야 하는 것처럼 생계에 필요한 돈을 버는 일은 사람에게 매우 중요한 과제다. 따라서 돈을 벌기 위해 회사를 다닌다는 사실은 결코 천박하거나 겸연쩍은 일이 아니다. 따라서 누구에게나 회사는 1차적으로 돈을 버는 곳이다.

CEO 역시 회사에서 돈을 번다. 회사에서 주는 급여를 받아 생활을 꾸려가기는 CEO나 신입사원이나 마찬가지다. 따라서 돈을 버는 곳이라는 회사의 실존적 의미를 폄하하거나 무시해서는 안 된다.

회사는 배우는 곳

그러나 회사는 돈만 버는 곳이 아니다. 회사를 다니는 것이 돈을 버는 유일한 방법도 아니다. 돈을 벌기 위해 음식점을 운영할 수도 있고, 노래를 부를 수도 있다. 회사를 다니는 것은 돈을 벌 수 있는 여러 가지 방법 중 하나일 뿐이다. 이와 같은 사실은 회사가 돈을 버는 곳 이상의 의미를 갖고 있다는 방증이다.

회사는 배우는 곳이다. 직장인이 회사를 그만두는 이유는 무엇일까? 특히 회사에 어느 정도 적응해 이른바 전투력이 가장 좋은 대리에서 과장급 인재들이 회사를 그만두는 주요 이유는 무엇일까? 급여가 적어서, 인간관계가 힘들어서, 업무강도가 살인적이어서 등 여러 가지 이유가 있을 수 있다. 그러나 직장인이 회사를 옮기는 가장 큰 이유는 바로 '이 회사에 더 배울 것이 없어서'이기 때문이다.

직장인은 누구나 자신의 역량을 쌓고 실력을 높이며 경험이 쌓이길 원한다. 돈을 덜 벌더라도 배우는 것이 많다면 견딜 수 있다. 그러나 돈은 어느 정도 주지만 더 이상 배울 것이 없을 때, 자신이 퇴보한다고 느껴질 때 그곳에 머물기는 힘들다. 이와 같은 사실은 직장인에게 회사란 돈을 버는 곳을 넘어 무엇인가를 배우는 곳이라는 의미다.

회사는 이루는 곳

물론 회사가 학교는 아니다. 회사는 단순히 돈 버는 곳만이 아니듯 완전히 배우는 곳도 아니다.

회사는 이루는 곳이다. 회사는 자신의 역량을 발휘하고, 다른 사람의 역량과 조화를 이뤄가며 새로운 가치를 이루는 곳이다. 배움이라는 효과 역시 회사에서 무엇인가를 이뤄가는 과정에서 파생적으로 발생되는 산출물이라고 할 수 있다. 돈을 버는 곳이라는 회사의 의미 역시 무엇인가를 이뤄낸 대가로서 돈을 지급받는 것이라고 해석할 수 있다.

돈을 버는 곳이라는 수준과 배우는 곳이라는 단계를 넘어 회사를 새로운 가치를 이루는 곳이라고 생각하는 사람이 바로 CEO다. 훌륭한 CEO는 단순히 돈을 벌기 위해 회사에 다니지 않는다. 자신의 역량이 커지는 것만으로 회사생활에 만족하지도 않는다. 회사에 다니는 이유가 무엇인가를 이루는 것이기에 CEO는 회사에 나오는 것이 가슴 설레고 짜릿하다.

회사를 다니는 이유, 회사를 그만두지 않는 까닭이 돈을 벌어야 하기 때문인가? 더 배울 것이 있어서인가? 아니면 이런 단계를 넘어 반드시 이루고자 하는 바를 열망하며, 그것을 이루기 위해서는 반드시 회사라는 조직이 필요하기 때문인가?

당신에게 회사란 어떤 존재인지 진솔하게 생각해보자. 버는 곳, 배우는 곳을 뛰어넘어 회사에서 이루고자 하는 바가 무엇인지 대답해보자. 나아가 이 대답을 중심으로 자신이 회사에 다니는 이유와 목적을 분명히 하자. 그때 비로소 당신은 월급쟁이가 아니라 기업가로 남의 눈치를 살피는 직장인이 아니라 내 인생의 당당한 CEO로 거듭날 수 있다. 그리고 매일같이 출근하는 회사는 지긋지긋한 곳이 아니라 신바람 나고 기대되는 장소로 바뀔 것이다.

당신에게 일이란 어떤 의미인가?

일한다는 사실의 즐거움

회사는 일하는 곳이다. 직장인은 일을 하기 위해 회사로 출근하고 일을 마치면 퇴근을 한다. 즉 '일'을 중심으로 직장인들은 모이고 흩어지는 셈이다. 그런데 많은 직장인이 일의 의미를 지나치게 폄하한다. 심지어 일을 타도의 대상, 제거해야 할 존재로 생각하는 것 같기도 하다. 그러나 일은 수많은 의미와 숭고한 뜻을 담고 있는 존재다. 일할 수 있는 권리는 일을 해야 하는 의무와 동전의 양면처럼 붙어 다니며 사람을 사람답게 만든다.

일본이화학공업이라는 분필제조업체가 있다. 75년이 넘는 세월 동안 분필만 만드는 이 회사에는 직원이 80여 명 있는데 그중 55명 정도가 지적 장애인, 25명가량은 IQ 50 이하의 중증 장애인이다. 그럼에도 불구하고 이 회사는 업계에서 선두를 달리고 있고 노동생산성 역시 매우 높다.

몇 십 년 전의 일이다. 30대 초반이던 이 회사의 CEO 오야마 야스히로에게 회사 근처 장애인 보육원의 수녀가 찾아와 원생들을 채용해달라고 부탁했다. 오야마는 처음부터 "건강상태가 좋지 않은 사람을 채용할 수는 없다"고 일언지하에 거절했지만 수녀는 며칠을 계속 방문해 집요하게 요청했다.

"죄송합니다. 취직을 시켜달라는 부탁이 무리라는 점을 잘 압니다. 그러나 몇 달 후 졸업을 하게 되면 이 친구들은 법규상 보호시설로 들어가야 합니다. 그렇게 되면 일이 무엇인지, 일하는 즐거움이 얼마나 큰지 전혀 모른 채 남은 인생 전부를 살게 됩니다. 이 소녀들에게 일한다는 것이 무엇인지 잠깐이라도 경험할 수 있는 기회를 주십시오."

수녀의 말에 감동한 오야마는 10대 중반의 소녀 2명을 2주라는 짧은 기간에 한해서 실습생으로 받아들였다. 두 소녀는 정말 열심히 일했다. 점심시간을 알리는 벨소리가 들려도 일을 멈추지 않아 다른 직원들이 밥을 먹으러 가자고 재촉해야 일손을 놓을 정도였다. 그런데 다음날도 두 소녀는 쉬는 시간을 알리는 벨소리가 울리는 데도 계속 일했다. 직원들은 지능이 좋지 않아 어제 말한 사실도 기억을 못하는구나 생각했지만 그게 아니었다. 중식을 알리는 벨 소리를 기억하지 못한 것이 아니라 업무에 몰입했기 때문에 못 들은 것이었다.

일은 보람을 얻을 기회다

두 소녀의 실습이 끝나는 날. 어린 소녀들의 성실함에 감동한 직원들이 오야마 사장에게 간곡히 말했다.

"이렇게 열심히 일하는 두 소녀가 계속 일하도록 하면 어떨까요? 부족한 부분은 저희들이 채우겠습니다."

오야마는 이 건의를 받아들여 두 소녀를 정식으로 채용했다. 이렇게 시작된 장애인 채용은 이후 일본이화학공업의 모토가 되어 40년이 훌쩍 지난 지금까지 계속되고 있다.

이 이야기는 일할 수 있다는 것이 얼마나 기쁜 일인지, 일을 통해 무엇인가를 이뤄간다는 것이 얼마나 큰 의미가 있는지 말해주고 있다. 이처럼 일은 보람을 얻을 수 있는 훌륭한 기회다. 무위도식하는 사람은 일을 통해 얻을 수 있는 보람의 깊은 맛을 알지 못한다. 어려움을 이겨내고 난관을 뚫어가며 결과를 만들어가는 과정에서 느끼는 쾌감과 가슴 저린 감동은 일을 통해서만 맛볼 수 있는 매력임이 분명하다.

일은 가치창출의 도구다

또한 일은 새로운 가치를 만들어내는 유용한 도구가 된다. 몇 시간 동안 땀을 흘려가며 정리한 끝에 온갖 잡동사니가 즐비했던 창고가 깔끔해지는 것을 떠올려보자. 보람은 물론 이후 어떤 물건을 찾거나 공간을 효율적으로 활용하는데 있어 매우 큰 이득을 보게 되는데, 이는 정리라는 일을 통해 새로운 가치를 만들어냈기 때문이다.

일은 인격수양의 수단이다

예수원이라는 기독교 수양관이 있는데 이곳에 들어가면 기도도 해야 하지만 노동을 더 많이 해야 한다고 한다. 밭을 갈고, 잡초를 뽑고, 거름을 주는 노동을 함으로써 기도를 통해 얻을 수 있는 것보다 더 큰 은혜와 감동을 누릴 수 있다고 믿기 때문이다.

이처럼 일은 자신의 인격을 단련하는 좋은 수단이 된다. 짧게는 몇 달, 길게는 몇 십 년 동안 일하고 있는 자신의 과거를 되돌아보라. 일을 통해서 얻는 것이 많이 있을 것이다. 일을 통해 돈도 벌었을 것이고, 좋은 사람도 만났을 것이다. 또한 일을 통해 지식을 기르고 지혜를 넓혔을 것이다.

그러나 동시에 일을 하는 과정에서 그 전과는 훨씬 다른 자신의 변화를 경험했을 것이다. 일을 통해 조바심을 줄이고 담대함을 길렀고, 다른 사람을 배려하는 것이 얼마나 중요한 것인지 깨달았고, 소탐대실의 실수를 줄였으며, 멀리 내다보는 안목과 어려움을 이겨낼 수 있는 힘을 얻었을 것이다. 이런 것들이 바로 일을 통해 얻은 인격수양이란 귀중한 열매다.

일은 단순히 돈을 버는 수단이 아니다. 일을 통해 보람을 얻을 수 있고, 자신의 존재감을 확인할 수 있다. 일을 통해 새로운 가치를 만들어냄으로써 사회에 기여할 수 있고, 무엇보다 온 세상에 단 하나뿐인 나 자신을 더 성숙하고 온전한 인격체로 발전시킬 수 있다.

일하는 이유, 회사를 다니는 목적은 무엇인가?

/ 2011년에 제작된 〈고지전〉이라는 영화가 있다. 한국전쟁을 배경으로 '애록고지'라는 요충지를 놓고 남한 국방군과 북한 인민군이 탈환과 사수를 반복하는 내용이다. 영화 초반, 배우 류승룡이 분한 북한 인민군 장교가 전투에서 패배한 남한 국방군 병사들을 풀어주면서 류승룡은 이렇게 외친다.

"빨리들 도망가라우. 이 싸움은 일주일 안에 끝나게 돼 있어. 니들은 왜 싸워야 하는지 모르고 싸우지만 우리들은 이겨야 할 이유가 분명하거든."

물론 영화와 실제 역사 모두 이 외침처럼 한국전쟁이 금방 끝나지는 않았다. 1주일은커녕 3년도 넘게 전쟁이 치러졌으며 아직도 휴전상태다. 그러나 이 말의 의미는 곱씹어볼 필요가 있다.

싸워야 하는 이유, 승리의 목적이 분명해야 이길 수 있다. 일하는 이유가 분명해야 일이 재미있고 일의 의미가 새록새록 신선하게 다가올 것이다. 회사를 다니는 목적이 분명해야 출근이 기다려지고 퇴근이 아쉬운 기이한 현상이 벌어질 수 있다. CEO는 자신의 심장에 목적과 의미를 분명히 달고 있는 사람이다. 자신의 가슴에 일을 통해 만들어낼 가치를 늘 꿈꾸며 하루하루를 살아간다. 그 가치를 위해 회사가 필요하고, 그 의미를 현실로 만들기 위해 일한다. CEO로서 일하기 위해서는 일의 의미에 대한 정확한 인식을 바탕으로 그 일을 하기 위해 다니고 있는 회사가 자신에게 어떤 의미인지 분명히 정립해야 한다.

성공을 스스로 정의하라

많은 사람들이 남들이 정해놓은 성공을 자신의 성공으로 받아들인다. 몇 개 되지 않는 어떤 자리에 오르는 것이나 돈을 많이 버는 것을 큰 고민 없이 성공으로 믿는다. 물론 그런 모습도 성공일 것이다. 어떤 관점에서 보느냐에 따라 성공의 모습은 달라질 수 있다.

그러나 성공을 정의할 수 있는 권리는 다른 사람이 아닌 나 자신에게 있다. 남들이 아니라 자신이 정의한 성공에 도달했을 때 성공했다고 말할 수 있다. 일의 의미와 회사를 다니는 목적 역시 남들이 정해줄 수 있는 것이 아니다. 오직 나 자신의 치열한 고민과 끊임없는 성찰을 통해 회사에서의 성공의 의미와 모습을 스스로 정의해야 한다. 성공을 정의할 권리를 다른 사람에게 양도하는 일은 신성한 권한을 도매금으로 넘겨버리는 어리석은 행동일 뿐이다. 내 인생의 CEO가 되기 위해서는 자신의 성공을 스스로 정의할 수 있어야 한다.

당신은 어떤 미래를
꿈꾸는가?

나는, 우리 회사는 비전이 있는가?

비전이란 단어는 매우 많이 쓰인다. 직장인은 조직이나 자신에게 비전이 있는지 없는지, 때로는 그 비전을 이룰 수 있는지 없는지 이야기한다.

사람은 누구나 비전을 생각한다. 자신의 비전, 상대방의 비전, 그리고 자신이 몸담고 있는 회사의 비전…. 그리고 CEO는 이와 같은 다양한 비전을 어느 하나에 국한하는 것이 아니라 전체적인 관점에서 두루 살피며 고민해야 한다. 나아가 CEO는 비전의 존재 유무, 명확성 여부에 대한 분석과 평가는 물론 새로운 비전을 제시하고 불확실한 비전을 더욱 확실하게 만들어야 한다.

많은 직장인이 자신의 직종이나 회사의 업종에 비전이 없다고 걱정한다. 그래서 기회가 된다면 비전이 있는 새로운 직종으로, 비전이 뚜렷한 업종으로 말을 옮겨 타겠다고 각오한다. 그러나 단언컨대 비전은 찾는 것이 아니라 만드는 것이다. '미래는 예측하는 것이 아니라 창조하는 것'이라는 피터 드러커의 명언은 바로 비전을 두고 하는 말임이 분명하다.

오늘 하루도 분주하게 살고 있는 당신, 주말이 되면 어떻게 일주일이 후딱 지나갔는지 필름이 끊긴듯 깜깜해지는 당신은 지금 어떤 미래를 꿈꾸며 일하고 있는가? 직장인으로서, 소속된 회사의 구성원으로서 당신의 비전은 무엇인가?

올바른 생각이 바람직한 행동을 낳는다

/ "내가 왜 이 의류회사를 운영해야 할까?"

"의류회사를 한다면 어떤 옷을 만들어야 될까?"

"왜 옷은 다른 생활필수품처럼 편의점 같은 곳에서 살 수 없을까?"

이 질문은 '독창적인unique 의류'라는 뜻을 담고 있는 회사 '유니클로UNIQLO'의 신화를 창조한 야나이 다다시가 비즈니스를 하면서 가장 중요하게 파고든 질문이다.

유니클로 탄생의 비밀

그는 옷은 물론 회사경영의 본질을 깊이 고민했다. 고민 후 그는 회사 경영의 목적을 '언제, 어디서나, 누구나 입을 수 있는, 패션 감각이 반영된 고품질의 베이식 캐주얼을 시장 최저가로 공급한다'는 것으로 정했다. 나아가 그는 자신에게 '옷으로 세상을 바꿀 수 있을까?'라는 질문을 던졌다. 그러고는 다음과 같이 대답했다.

"옷으로 세상을 바꿀 수 있다. 어떤 어린이는 옷이 없어서 학교에 가지 못하고, 어떤 사람은 옷이 부족해 질병에 시달리기도 한다. '의식주衣食住'라는 단어에서 보듯 옷은 가장 중요한 생활 인프라다. 반도체가 20세기 막바지 세상을 바꾼 것처럼 옷으로 세상을 바꿀 수 있다."

그는 이런 생각을 실현하기 위해 행동했고 그 결과 유니클로는 전 세계 2,000개 이상의 매장에서 연간 약 12조 원의 매출을 기록하는 의류 유통업체로 성장했다.

사실 야나이 다다시는 아무런 비전을 갖지 못한 채 의류업을 시작했다. 대도시의 잘나가는 대기업에서 직장 생활을 시작한 그가 9개월 만에 퇴사한 후 고향으로 내려와 부친이 경영하던 소규모 의류업체를 맡게 되었을 때는 비관과 불만만 가득했다. 우울함과 자괴감을 벗어버리지 못한 채 의류매장을 지키고 있던 어느 날, 그는 우연히 학창시절 자신을 지도했던 은사를 만나게 된다. 하지만 적응을 하지 못해 대기업을 그만두고 고향에 내려와 아버지의 작은 가게를 이어받고 있는 자신의 모습을 들키고 싶지 않아 은사의 시선을 피해 숨어버리고 만다.

이 사건을 계기로 다다시는 자신이 얼마나 수동적이고 비관적인 생각을 갖고 있는지 반성하게 되었고, 자신의 비뚤어진 모습을 깨달으며 생각을 모조리 바꾸기 시작했다고 고백한다. 이에 이왕 사업을 할 거면 '사업을 하는 목적이 무엇이고, 고객에게 어떤 가치를 제공할 것인가?'에 대해 자기 자신부터 명확한 답을 할 수 있어야 한다는 결론을 내렸다.

올바른 생각

유니클로 창업자가 계속해서 '난 패배자야. 대기업에 적응하지도 못하고 이런 촌구석에 내려와 볼품없는 아버지 가게나 물려받다니…' 하는 생각에 머물렀다면 결코 옷으로 세상을 바꾸지 못했을 것이다. 나의 이익만을 위해 다른 사람을 해할 생각, 사회는 안중에도 없이 자기만 이익을 보려는 생각이 아니라 나보다 우리를 먼저 하는 생각, 다같이 이롭게 되는 방법을 생각하는 것이 훌륭한 행동의 바탕이 됨은 의심의 여지가 없다.

미래에 대한 생각 역시 마찬가지다. 미래에 되고자 하는 자신의 모습, 이루고자 하는 가치에 대해 진술하되 긍정적으로 생각하는 것이 '잘 안될 거야, 열심히 해봤자 별 수 없어, 노력한다고 달라지지 않아' 라 생각하는 것보다 더 바람직하다.

성공하는 사람은 될 방법을 찾고, 실패하는 사람은 안 될 이유를 찾는다고 한다. 이는 단순히 긍정적인 태도가 더 좋다는 뜻이 아니다. 어떤 일을 하든 무조건 긍정하는 것이 능사는 아니다. 안 되는 것을 하면 된다고 여기는 것은 긍정이 아니라 무식이다.

그러나 모든 일에는 될 수 있는 이유가 있고 되지 못할 이유도 있다. 따라서 먼저 될 수 있는 방법을 고민한 후, 잘 되지 않을 이유에 대해서도 심사숙고하는 태도가 바람직하다. 현대그룹의 창업자 고 정주영 회장의 '이봐, 해봤어?' 라는 짧은 물음 역시 올바른 생각의 중요성을 잘 말해준다. 뿐만 아니라 더 멀리 바라보는 생각, 더 넓게 포용하는 생각, 더 깊게 파헤치는 생각이 필요하다. 자신의 미래에 대해서도 더 멀리, 더 넓게, 더 깊게 생각해야 한다.

올바른 행동

그런데 올바른 생각을 한다고 해서 그것이 곧바로 올바른 행동으로 이어지는 것은 아니다. 나쁜 생각, 그릇된 생각을 하는 것보다 좋은 생각, 바람직한 생각을 하는 것이 훨씬 더 좋지만 올바른 생각을 한다는 것과 그 생각을 올바른 행동으로 발전시키는 것은 전혀 다른 차원의 이야기다.

올바른 생각을 올바른 행동으로 연결할 수 있을 때 자신이 원하는 미래를 만들 수 있는 가능성이 높아진다. 미래에 대한 지나친 비관이나 근거 없는 낙관이 아니라 냉철한 판단과 현실감각을 통한 정확한 분석을 바탕에 둔 올바른 생각, 그리고 자신과의 싸움에서 치열하게 승리하여 올바른 생각을 올바른 행동으로 실천할 때 미래에 만날 자신의 모습은 더욱 빛날 것이다.

당신의 정체를 밝혀라

올바른 생각을 바람직한 행동으로 실천할 때 당신은 비전 없는 흔남흔녀가 아니라 비전 있는 인재, 미래에 별 볼 일 없는 직원이 아니라 큰일을 해낼 유망주로 발전할 수 있다.

그런데 생각은 매우 훌륭한데 행동은 개차반처럼 하는 사람을 간혹 만난다. 입으로는 정의와 배려를 이야기하지만 행동은 부정과 독선을 일삼는다. 반대로 행동은 그렇게 나쁘지 않는데, 말로 다 까먹는 사람도 있다. 자기의 일을 묵묵히 수행하지만 '팀장이 이러면 안 된다', '사장님은 저게 문제다' 하면서 불평을 늘어놓는 사람이 이에 해당된다. 이처럼 생각과 행동이 너무 불일치하면 저 사람은 도대체 어떤 사람일까 하는 의심이 들게 된다. 상대방의 정체가 무엇인지, 저 사람의 진짜 모습은 무엇인지 헷갈린다는 이야기다. 이는 개인뿐만 아니라 개인이 모여 이룬 조직에도 그대로 적용된다.

이와 같이 어떤 생각을 하는지와 어떻게 행동하는지가 사람과 조직의 정체를 규정한다. 그리고 이 중 어떤 생각을 하는가 하는 문제는 미션과 비전과 핵심가치라는 3가지 요소로 구분하여 생각해볼 수 있다.

미션 _ 존재의 이유

미국의 유명배우 탐 크루즈가 주연한 영화 〈미션 임파서블〉에서 주인공은 불가능에 가까운 임무를 완수하며 팬의 마음을 사로잡는다.

미션mission은 이처럼 임무라는 의미인데 원래는 '존재 목적 또는 사명감, 내가 기여하고자 하는 것'을 의미한다. 즉, 무엇을 추구하며 살아야 하는가에 대한 답이 미션이다. 미션은 개인의 입장에서는 내가 왜 존재하는지, 조직의 입장에서는 우리 조직이 왜 만들어졌는지, 그리고 궁극적으로 어떤 가치를 추구해야 하는지, 그 존재 목적을 구체적으로 표현한 것이다.

- 월마트 : 가난한 사람에게도 부유한 사람처럼 공산품을 접할 수

있는 기회를 제공하는 것

- 애플 : 사람에게 힘이 되는 인간적인 도구를 제공하여, 우리가 일하고, 배우고, 소통하는 방식을 바꾼다.
- 구글 : 세상의 정보를 누구나 쉽게 사용하고 접근할 수 있게 한다.

이와 같은 초우량 글로벌 기업의 미션은 간결하면서도 명확하다. 뿐만 아니라 첫째 왜 존재하는지, 둘째 누구를 위해 존재하는지, 셋째 어떤 가치를 제공하고자 하는지를 뚜렷하게 표현하고 있다.

미션은 자신의 존재 이유와 업의 본질에 대한 대답이다. 대기업은 보통 '미션 선언문mission statement'을 조직 구성원과 고객에게 선언하고 있다. 이와 같은 미션의 언명을 통해 업무 수행의 방향과 지침을 제시하고 고객에 대한 사명과 책임을 상기하도록 하여 회사가 올바른 방향으로 나아갈 수 있도록 독려한다. 개인도 마찬가지다. 자신의 인생을 통해 가족과 사회에 기여하고자 하는 바가 무엇인가를 선언하여 미션을 이루기 위해 인생을 올바른 방향으로 이끌어야 한다.

비전 _ 되고자 하는 모습

미션과 늘 붙어 다니는 것이 '비전vision'이다. 비전은 '조직이나 개인이 미션을 추구하기 위해 미래의 특정 시점에 이루고자 하는 모습'이다. 즉, 비전은 '개인이나 조직이 일정 시간이 지난 후에 무엇이 되고자 하는가?' 라는 질문에 대한 구체적 이미지로서의 대답이다.

비전은 다음의 3가지 조건을 갖출 때 강력한 효과를 발휘한다.

첫째, 비전은 구체적이어야 한다. 비전과 미션은 일관성이 있어야 하지만, 그 정체는 분명히 다르다. 미션은 존재의 이유에 대한 설명이지만, 비전은 구체적인 청사진이다. 비전과 미션 모두 분명하고 명확해야 하지만, 미션은 포괄적이고 추상적으로, 비전은 자세하고 구체적으로 표현하는 것이 바람직하다.

둘째, 비전은 도전적이어야 한다. 별로 노력하지 않아도 이룰 수 있는 비전이나 죽을힘을 다해도 이루기 힘든 비전은 좋은 비전이 아니다. 비전은 개인이나 기업이 되고자 하는 모습이므로 무모하진 않되 과감하게, 손을 뻗고 점프를 하면 닿을 수 있어야 한다. 비전을 기간과 단계에 따라 더욱 구체적인 목표로 바꿀 수 있도록 도전적으로 만드는 것이 중요하다.

셋째, 비전은 매력적이어야 한다. 비전에는 자신과 조직의 바람직한 행동을 유발할 수 있는 의욕이 내재되어 있어야 한다. 비전이 달성되었을 때 함께 수반되는 상황이 충분히 매력적이어야 하고, 개인이나 조직의 행동을 이끌어낼 수 있어야 한다. 그래서 비전은 시한의 의미를 내포하고 있어야 한다. 언제까지 어떻게 하겠다는 것은 강력한 매력이 되기 때문이다.

핵심가치 _ 지키고자 하는 바

핵심가치는 '미션과 비전을 추구하는데 필요한 가치관'으로 '어떻게 살 것인가? 어떤 방식으로 경영할 것인가?' 하는 질문에 대한 답변이다. 핵심가치는 생각과 행동과 의사결정의 잣대이자 어떤 선택과 행동이 더 가치가 있는가 하는 판단의 근거가 된다.

'일은 뺏겨도 사람은 안 뺏긴다'는 몇 년 전 인기를 끌었던 드라마 〈미생〉의 주인공 오 차장의 대사다. 이 말은 무엇보다 사람을 중요하게 여긴다는 오 차장의 행동지침, 즉 핵심가치라고 볼 수 있다. 이와 같은 핵심가치는 보통 개인의 좌우명이나 회사의 사훈, 학교의 교훈이나 집안의 가훈 등의 형태로 명문화된다.

핵심가치는 크게 판단기준과 행동방향 제시라는 2가지 역할을 수행한다.

첫째, 핵심가치는 판단의 기준이 된다. 미션을 추구하는 과정, 비전을 이뤄가는 여정에서 개인이나 조직의 구성원은 다양한 상황에 직면하게 되고 여러 가지 판단을 해야 한다. 이때 핵심가치는 의사결정의 순간에 무엇이 중요한지를 말해준다.

둘째, 핵심가치는 행동의 방향을 제시한다. 판단의 기준으로 기능하는 핵심가치는 좀 더 구체적이고 현실적인 상황에서는 행동의 방향을 알려준다. 즉, 다양한 상황에서 개인과 조직이 취하는 행동의 방식들은 조금씩 다를 수 있지만 핵심가치를 기준으로 행동의 방향을 맞추면 전체적으로는 공통된 방향으로 행동할 수 있게 된다.

회사와 이심전심하라

/   미션과 비전은 어두운 밤바다의 등대처럼 올바른 미래를 향해 나아가게 만드는 나침반의 역할을 한다. 나아가 미션과 비전과 핵심가치는 힘들고 지쳐 주저앉고 싶을 때 의지할 수 있는 든든한 버팀목이 된다.

일상에 치여 자신이 왜 존재하는지, 무엇이 되고 싶은지 잊고 사는 조직과 개인에게 힘을 북돋아주고, 개인과 회사가 지향하고 있는 업의 본질을 일깨운다. 나아가 상대방과 고객에게 어떤 가치를 제공해야 하는지 알려준다.

개인에게도 미션과 비전은 중요하다. 살아가야 하는 이유와 살아갈 방향, 되고자 하는 것과 그것을 통해 하고자 하는 바를 미션과 비전을 통해 정립할 뿐만 아니라 미션과 비전을 되새기며 역경의 순간을 이겨낼 힘을 얻기 때문이다.

회사와 동상이몽하는 사람들

존재하는 목적이 명확하고 궁극적으로 이루고자 하는 미래의 모습이 구체적인 그림으로 시각화되면, 구성원들은 자신이 가지고 있는 모든 역량을, 몰입할 수 있는 에너지를 뿜어낸다. 가슴 설레는 미션을 통해 하고자 하는 강렬한 의욕이 생기고, 구체적인 비전을 통해 이루고야 말겠다는 강력한 목표의식과 하면 된다는 자신감이 형성되기 때문이다. 따라서 조직과 구성원은 자신이 가야 할 미래의 바람직한 모습을 명확하게 구조화함으로써, 미션을 수행하고 비전을 달성하기 위한 창의적이고 혁신적인 방법을 생각하는 데 앞장서야 한다.

같은 침대에서 서로 다른 꿈을 꾼다는 뜻의 동상이몽同床異夢은 꼭 개인 간의 관계에서만 일어나는 비극이 아니다. 회사와 회사를 구성하는 개인 간에도 얼마든지 동상이몽의 사태가 일어난다. 회사와 구성원의 존재 이유인 미션이 서로 다르고, 회사와 개인의 되고자 하는 모습인 비전이 서로 다르면 그것이 바로 동상이몽인 셈이다.

right Bus, right People

CEO가 회사에 나오고 싶은 이유는 회사와 같은 꿈을 꾸기 때문이고, 일반 직장인들이 회사에서 나가고 싶은 이유는 회사와 동상이몽을 하기 때문이다. 따라서 CEO처럼 고민하기 위해서는 회사와 동상이몽해서는 안 된다. CEO와 같이 일하기 위해서는 회사의 미션과 나의 미션, 회사의 비전과 나의 비전, 그리고 회사의 핵심가치와 나의 가치를 한 방향으로 정렬해야 한다.

짐 콜린스가 《좋은good 기업을 넘어 위대한great 기업으로》에서 이야기하는 'right Bus, right People'도 바로 이 얘기다. 그는 이 책에서 좋은 기업은 버스를 어디로 몰고 갈지 고민하는 반면, 위대한 기업은 버스에 누구를 태울 것인가를 고민한다고 주장한다. 이 말을 회사 입장에서 생각하면 회사와 같은 미션, 비전과 핵심가치를 갖고 있는 사람을 회사라는 버스에 태워야 한다는 뜻이다. 거꾸로 구성원의 입장에서는 자신이 가고자 하는 방향과 같은 방향으로 가는 버스에 탑승해야 한다.

CEO는 자신이 가고자 하는 방향과 회사가 가고자 하는 방향을 계속해서 일치시키려고 노력한다. 구성원 전체의 뜻을 모아 한 방향으로 만들고 그 방향을 위해 함께 고민하고 함께 노력하도록 만드는 것이 CEO의 가장 중요한 역할이다. 그래서 글로벌 초우량 기업의 CEO들은 새로운 전략을 수립하기 전에 항상 기업에 적합한 인재를 찾는 한편, 구성원이 회사와 같은 방향으로 갈 수 있도록 노력한다. 최근에는 구성원에게 일에 대한 진정한 동기를 부여하는 차원에서 구성원의 경력개발 비전과 기업의 비전을 연동하여 두 비전 사이의 격차를 메우는 것이 중요한 이슈로 등장하고 있다. 따라서 많은 기업이 리더를 통해 회사나 팀의 미션과 비전 및 핵심가치를 설정하고 이를 구성원과 공유함으로써, 조직의 목표를 달성하기 위해 구성원의 행동을 한 방향으로 정렬하고 전체적으로 하나가 되기 위한 노력을 활발히 하고 있다. 회사와 구성원이 '정신spirit'을 얼마나 일치시켜 실현하느냐가 회사와 구성원의 성과 창출을 위한 가장 중요한 요소가 되기 때문이다.

회사와 같은 꿈을 꿔라

CEO는 회사 차원에서 고민하는 사람이다. 또한 CEO는 회사와 같은 방향으로 호흡하며 나아가는 사람이다. 따라서 CEO처럼 고민하고 일하기 위해서는 회사와 같은 방향으로 생각하고 행동해야 한다. 회사와 동상이몽이 아니라 이심전심할 수 있어야 한다. 마음과 마음이 통하는 오랜 친구처럼 회사와 뜻이 통할 때 CEO의 시각과 입장에서 고민할 수 있을 것이다.

당신이 꿈꾸는 미래는 어떤 모습인가? 그리고 당신이 지금 몸담고 있는 회사는 당신이 꿈꾸고 있는 미래와 어떤 관련이 있는가? 거꾸로도 생각해보자. 당신이 소속된 조직의 미래는 어떤 모습인가? 그 회사의 존재 이유는 무엇이며, 되고자 하는 비전은 어떤 모습이며, 또 그것을 위해 지키고자 하는 가치는 어떤 내용으로 구성되어 있는가? 그 회사의 구성원인 당신은 회사의 미션과 비전과 핵심가치에 대해 얼마나 동감하고 있는가? 혹시 그건 회사의 생각일 뿐 나와는 상관없는 것이라고 생각하는가? 또는 회사의 생각이 좋긴 하지만 나랑은 괴리가 크다고 생각하는가? 만약 그렇다면 짐 콜린스의 얘기대로 원하지 않는 방향으로 가는 버스에서 내려야 한다. 그럴 수 없다면, 그렇게 해서는 안 된다면 CEO와 같이 자신의 생각과 행동을 자신이 탑승한 회사라는 버스의 방향에 맞도록 조정하고 변경해야 할 것이다.

소속집단과 준거집단을 일치시켜라

고등학교 윤리시간에 배웠던 소속집단과 준거집단을 기억하는가? 소속집단이란 '어떤 개인이 일정한 집단에 소속하고 있다는 사실이 다른 사람들에게 인정받고 있을 때의 그 집단'을 말한다. 반면에 준거집단이란 '한 개인이 어떤 판단이나 행동의 기준으로 삼고 있는 집단'을 말한다. 보통 소속집단과 준거집단이 일치하면 만족감과 안정감을 가지지만, 그렇지 못할 경우에는 상대적 박탈감을 느끼거나 소속집단에 대한 불만을 가지게 된다.

CEO와 같은 수준과 차원에서 고민하기 위해서는 소속집단과 준거집단을 반드시 일치시켜야 한다. 간혹 자신이 소속된 회사보다 경쟁사를 선호하는 직장인을 만나게 된다. 소속집단인 자신의 회사를 탈출할 생각에 혈안이 되어 있으면서도 소속을 바꾸지 않는 사람도 만난다. 물론 소속집단과 준거집단의 불일치가 일어날 수도 있다. 전체주의 국가도 아니고 원하지 않는 회사라면 언제든지 그만둘 수도 있고 다른 회사로 옮길 수도 있다.

그러나 같은 방향으로 가는 버스에 탑승한 같은 승객끼리 힘을 합칠 때 CEO처럼 고민할 수 있고, CEO처럼 일할 수 있음은 분명하다. 자신이 꿈꾸는 미래의 모습이 자신의 소속집단에서 펼쳐질 때, 자신이 꿈꾸는 미래의 모습이 회사가 이루고자 하는 미래의 모습과 같은 방향일 때 CEO처럼 고민할 수 있고 CEO처럼 일할 수 있다.

Question **3**

우리 회사는 곱상인가?
밉상인가?

아이나 어른이나 구분 없이 최고급 호텔, 럭셔리 펜션에서 지냈어도 며칠 지나고 나면 집을 그리워하게 된다. 그리고 여행에서 돌아오면 보통 '우리 집이 제일 편하다'고 털어놓듯 말한다. 집이 좁든 넓든, 깨끗하든 조금 지저분하든 사람들은 누구나 자신의 집이 가장 편하다고 느낀다.

이처럼 집이 가장 좋고 편한 이유는 자신이 주인이기 때문이다. 거액의 숙박비를 지불했다고 해도 호텔이나 펜션에서는 주인이 아닌 손님이기 때문에, 내가 주인인 우리 집보다 불편할 수밖에 없다.

그렇다면 회사가 얼마나 편한가 하는 질문을 받게 될 때 어떤 대답을 하게 될지 솔직하게 생각해보자. 당신은 회사가 편한가? 아니면 불편한가? 물론 회사가 집처럼 편할 수는 없다. 그러나 회사가 바늘방석처럼 느껴진다면 문제임이 분명하다. 회사에 오면 손님처럼, 그것도 불청객처럼 어색하고 겸연쩍다면 이는 분명히 해결해야 할 과제다.

일하기 위해 모였다는 목적에 따라 한계는 있겠지만 그래도 회사는 편안한 곳이어야 한다. 그래야 회사에서 성공할 수 있다. 회사가 불편하면 출근이 부담스러워지고 퇴근이 기다려지며, 결국 회사는 피하고 싶은 곳이 될 것이다. 그런 회사에서 어떻게 성공을 기대할 수 있겠는가?

그런데 CEO는 보통 회사를 제 집처럼 매우 편안하게 여긴다. 자신이 주인이라고 생각하기 때문이다. 이것이 답이다. 회사를 편안한 곳으로 느낄 수 있는 가장 쉬운 방법은 자신이 회사의 주인이라고 생각하면 된다. 손님이 아니라 주인, 관객이 아니라 배우, 구경꾼이 아니라 선수라고 생각할 때 회사는 집처럼 편안하고 아늑한 곳이 된다. 그리고 그 중심에는 바로 주인정신이라는 마음가짐이 자리 잡고 있다.

회사의 주인은 누구인가?

／ 회사에 따라 오너[owner]가 따로 있고 전문경영인이 CEO 역할을 하는 곳도 있고, 오너가 직접 경영에 참여해 CEO를 겸하는 경우도 있다. 그렇다고 어떤 경우이든 회사의 주인이 소유주나 CEO 한 사람만은 아닐 것이다. 그렇다면 회사의 진짜 주인은 누구인가?

내부 사람이 주인이다

간혹 회사 생활을 하다 보면 직원인 나도 잘 몰랐던 사실을 언론을 통해 알게 되는 경우가 있다. 사안의 성질이나 보안의 필요성에 따라 그럴 수도 있겠지만, 직원인 나도 모르는 것을 기자가 먼저 알았다는 것, 나아가 직원인 내가 회사 바깥의 사람들과 같은 시점에, 같은 심도의 뉴스를 접한다는 사실은 그리 유쾌한 일은 아니다. 친한 친구의 결혼 소식을 덜 친한 친구에게 듣게 되거나, 같은 부서 동료의 발령 소식을 다른 부서 사람을 통해 알게 될 때도 비슷한 기분이 들 것이다.

이런 생각이 드는 이유 중 하나는 '그래도 내가 직원인데, 그래도 내가 그 친구랑 더 친한데…' 하는 생각 때문이다. 나아가 바깥이 아닌 안에 있는 사람으로서 그래도 외부 사람보다는 내부

정보를 더 많이 알아야 한다고 기대하기 때문이다. 이런 생각에 대부분이 동의한다는 사실은 결국 회사의 주인은 외부가 아니라 내부에 존재하고 있음을 증명한다. 분명히 외부 사람이 아닌 내부 사람이 회사의 주인이다.

구성원이 주인이다

지난 1990년대 후반, 우리나라를 떠들썩하게 했던 H그룹 비리사건이 있었다. 정관계 로비를 통해 건설과 철강을 중심으로 급속히 성장하던 이 그룹은 수많은 부실과 비리가 드러나 결국 해체되었고 이 사건이 IMF 외환위기의 요인 중 하나가 되기도 했다. 당시 이 그룹의 J 회장이 국회 청문회에 출석해서 본인이 회장으로 있는 회사의 임직원을 머슴이라고 지칭해 많은 회사원의 공분을 사기도 했다.

머슴은 '농가에 고용되어 그 집의 농사일과 잡일을 해주고 대가를 받는 사내'를 일컫는 순우리말로, 달리 표현하면 종從이라는 말이다. 종은 주인에 대비되는 개념이다. 주인이 있어야 종이 있을 수 있다. 따라서 J 회장의 발언은 자신과 자신의 가족이 회사의 주인이고 나머지 임직원은 모두 종이라는 전근대적인 생각을 표현한 것이라 할 수 있다.

신분제가 엄격하게 지켜졌던 조선시대, 노동을 천하게 여겼던

양반은 시키기만 하였고 실제 노동은 종이 실행했다. 이처럼 주인과 종의 개념은 전통적인 노사勞使의 개념, 즉 일을 하는 사람과 일을 시키는 사람이라는 대립 개념을 근거로 한다. 종업원從業員이라는 단어는 전통적인 노사의 구분에 따를 때 드러나는 종의 개념을 바탕으로 하고 있다.

이처럼 시대에 맞지 않을 뿐더러 부정적 이미지를 갖고 있는 종업원이라는 단어를 대체하기 위해 등장한 단어가 바로 구성원이다.

구성원은 종업원과 달리 조직을 구성하는 개체의 독립성이 강조되는 말이다. 종업원은 주인이 있어야 존재하지만 구성원은 주인이 없어도 존재할 수 있는, 모두가 주인이 되는 조직을 지향한다. 종업원은 시켜야 일하는 사람이지만 구성원은 스스로 일한다. 종업원과 주인은 수직적 관계이지만 구성원은 수평적 관계다. 종업원은 수동적이지만 구성원은 능동적이다. 이처럼 종업원이나 구성원 모두 정신적, 육체적인 노동력을 조직에 제공하는 대가로 급여를 받는 급여생활자를 뜻하지만 숨은 뜻에서는 큰 차이가 난다.

직장인은 모두 급여생활자다. 그러나 자신을 종업원으로 생각하며 일하는 사람이 있는 반면 구성원으로 생각하며 일하는 사람도 있다. 또한 자신은 구성원으로 생각하며 일하고 있는데 정작 조직에서는 종업원 취급하는 경우가 있을 수도 있고, 자신은 파트너인 구성원으로 생각하며 일하고 있는데 옆자리 동료는 종업원을 자처하며 수동적으로 일할 수도 있다.

그러나 확실한 것은 종업원이 아닌 구성원이 회사의 주인이라는 사실이다. 가끔 급여만큼만 일한다는 사람도 있는데 이것은 스스로 종이 되길 자처하는 자세다. 다른 누구도 아닌 자신이 할 수 있고 바로 나 자신이 해야 할 일을 진취적으로 해나가는 자세는 설사 전근대적인 시각으로 자신을 종업원으로 생각하는 경영진과 같이 일한다 할지라도 종업원이 아닌 구성원으로서 당당하게 일하는 원동력이 된다.

CEO 역시 소유주가 주인일 뿐 자신은 종업원에 불과하다고 생각하면 결코 주인이 될 수 없다. 거꾸로 신입사원일지라도 회사의 주인은 바로 회사를 구성하는 자신이라고 생각한다면 주인이 될 수 있다. 눈치 보며 시키는 일만 하는 종업원이 될 것인가, 조직에서 없어서는 안 될 구성원으로서 당당하게 자신의 일을 멋지게 담당하여 탁월한 성과를 창출할 것인가 하는 문제는 결국 자신의 일에 대해 얼마만큼 주인의식, 즉 오너십ownership을 가지고 있느냐에 따라 결정된다.

사업가가 주인이다

'월급쟁이'는 원래 월급을 받는 급여생활자를 얕잡아 이르는 말이다. 이 단어는 월급을 줘야 일하는 사람, 월급만큼만 일하는 사람, 일한 만큼 월급을 받아가는 사람이란 뜻을 함유하고 있다. 나아가 월급쟁이 근성이란 단어도 가끔 쓰이는데 이는 주인의식과 사명감이 부족하고, 남의 눈치를 보며 수동적으로 업무를 수행하는 태도를 가리킨다.

반면에 '사업가'는 다른 사람의 시선을 의식하지 않고 최고의 결과물을 만들기 위해 끝까지 최선을 다한다. 올바른 사업가는 과감한 목표와 명확한 비전을 세워 이를 달성하기 위해 열정적으로 노력한다. 또한 다른 사람의 칭찬이나 보상이 없더라도 일에 대한 에너지를 스스로 공급하며 자신에게 동기를 부여한다. 반면 월급쟁이 생각에 머물러 있는 사람은 보통 회사에서 보상이나 칭찬을 해주면 그때는 반짝하고 움직이지만, 보상이 부족하거나 칭찬이 잦아들면 자신이 아닌 다른 사람 누군가가 자극을 해야 움직인다. 마치 태엽을 감아줘야 움직이는 장난감 자동차처럼 말이다.

월급쟁이는 회사의 주인이 될 수 없다. 회사의 주인은 월급쟁이가 아니라 사업가다. 급여를 받아 생활을 영위한다는 상황은 같아도 월급쟁이가 아닌 사업가의 마음과 태도를 갖춰야 회사의 주인이 될 수 있다.

다니는 회사 vs. 일하는 회사

／ 다른 사람이 아닌 자신이 회사의 주인이라고 생각할 때 회사가 편해지고 즐거워지며 CEO처럼 회사에서의 생활이 유쾌해진다. 따라서 실제로 CEO가 되진 않더라도 CEO와 같은 마음가짐으로 일한다면 누구나 회사의 주인이 될 수 있다.

그러나 현실은 어떠한가? 많은 직장인이 주인이 아닌 손님처럼 회사생활을 하고 있다. 유체이탈화법을 쓰는 정치가처럼 회사와 업무를 남 애기하듯 대하는 사람도 있다.

눈도장 찍으러 가는 회사

주인은 눈도장 찍으러 회사에 가지 않는다. 일이 있으면 몇 주 동안 회사의 자리를 비울 수도 있다. 주인은 누군가의 시선을 의식하지 않는다. 그런데 느슨한 조직에 가면 이처럼 눈도장 찍는 것에만 집중하면서 회사생활을 하는 사람들을 만난다. 이런 사람들은 할 일이 없는데도 윗사람이 남아 있으면 야근을 한다.

회사는 눈도장 찍는 곳이 아니다. 누군가를 배려는 해야겠지만 의식할 필요는 없다. 회사는 일하러 가는 곳이기 때문이다.

다니는 회사

차 주임은 고등학교 동창생을 지하철역에서 우연히 만났다. 대학생 때까지는 드문드문 연락이 되었던 사이였는데 취업 이후 서로 바빠져 한동안 연락이 끊겼던 친구다. 거의 3년 만에 만난 친구와 반갑게 인사를 나누며 차 주임이 묻는다.

"너무 반갑다. 그동안 잘 지냈어? 요즘은 어떻게 지내?"

"그냥 회사 다녀. 을지로에 있는 회사."

이와 같은 상황은 누구나 쉽게 경험할 수 있는 일이다. 보통 어떤 일을 하느냐고 물으면 직장인은 차 주임 친구처럼 '회사 다닌다'고 말한다. 틀린 말은 아니다.

그러나 잘 생각해보면 회사에 다닌다는 말은 다른 해석이 가능하다. 회사는 그저 시계추처럼 왔다 갔다 하는 곳이 되어서는 안 되기 때문이다. 궁극적인 목적까지 생각해보자는 의미다. 학생이 학교에 다니는 이유는 학업을 위해서다. 산악인이 산에 다니는 목적은 등정에 있다. 그렇다면 회사원이 회사에 다니는 이유는 무엇일까? 단순히 다니는 것, 오고 가는 것에 목적을 국한하는 것이 아니라 회사를 다니는 본질적인 목적까지 생각해야 한다.

일하러 가는 회사

회사를 경영하는 CEO도 '회사에 다닌다'는 말을 쓸까? 회사

CEO가 우연히 친구를 만났다고 생각해보자. CEO의 친구가 묻는다.

"요즘 어떻게 지내? 무슨 일해?"

"을지로에 있는 회사 다녀."

사람과 상황에 따라 다를 순 있지만 CEO라면 아마 이렇게 말하지 않을 것이다. 보통은 "XXX라는 회사 대표로 있어" 또는 "전문건설업체를 경영하고 있어"라고 말하지 않을까? 회사가 나의 것이라는 주인의식이 있다면 회사를 다닌다고 말하는 것이 어색할 것이다. CEO는 자신이 하는 일을 중심으로 자신의 근황을 이야기할 가능성이 크다.

수많은 인파가 빠른 걸음으로 오가는 지하철역에서 몇 년 만에 우연히 만난 친구가 당신에게 묻는다.

"잘 지냈어? 요즘은 어떻게 지내?"

이와 같은 질문에 대해 "XXX에서 마케팅 하고 있어.", "식품유통회사에서 영업 중이야", "XXX라는 회사에서 인사 담당한다"라고 말할 수 있다면 단순히 "XXX에 다닌다"는 말보다 훨씬 더 일에 대한 사명과 회사에 대한 주인의식을 갖고 있다고 할 수 있다.

자랑스러운 회사를 넘어 사랑스러운 회사로

회사가 부끄러운 사람들

적지 않은 직장인이 자신이 소속한 회사를 자부하지 못한다. 일은 많은데 연봉은 적다느니, 같이 일하는 사람과 회사 문화의 수준이 낮다느니, 간부의 리더십에 문제가 있다느니, CEO가 꼰대 중에 꼰대라느니…. 다양한 이유로 자신의 회사를 폄하한다.

물론 건전한 문제의식과 건설적인 비판은 필요하다. 그러나 회사의 좋은 점은 보지 못한 채 나쁜 점만 보는 것은 바람직하지 않다. 요즘 취업준비생은 보통 지원할 회사에 대해 미리 조사하여 서류전형과 면접전형에 대비한다. 또한 은행과 같은 금융기관에서는 자기소개서에 자사의 지점을 방문한 후 개선해야 할 점을 쓰라고 요구하는 경우가 많다.

이에 따라 취업준비를 위해 금융기관 지점에 방문한 학생들은 근무하는 직원들과 이야기를 나누게 되는데 이때 많은 직원들이 자신의 회사에 대해 좋은 점보다는 나쁜 점을 훨씬 더 많이 이야기하는 경우가 있다고 한다.

"여기 오지 마세요. 저도 학생처럼 탱탱했는데… 제 얼굴 좀 보세요. 쭈글쭈글해진 거 보이시죠? 이제 입사 2년차인데 이렇다니까요"

심지어 이런 이야기들도 한다고 한다.

"준비 조금 더 하셔서 여기 말고 XX은행 도전해보세요."

분명 적절한 문제의식은 필요하다. 그러나 주인은 문제를 해결해야 할 대상으로 생각하지, 불평의 안주거리로 삼지 않는다. 회사를 부끄러워한다면 결코 회사의 주인이 될 수 없다. 회사에 대한 지나친 부정은 자신의 품격을 떨어뜨림은 물론 사실관계의 왜곡, 나아가 조직의 경쟁력 저하로 이어질 수 있음을 인식해야 한다.

회사를 지나치게 뽐내는 사람들

거꾸로 지나친 긍정으로 회사의 모든 것을 미화하는 사람들도 있다. 회사가 가지고 있는 장점과 경쟁력을 자부하는 것은 매우 좋은 자세다.

그러나 고쳐야 할 점, 개선해야 할 부분은 보려고 하지도 않고 도리어 그런 점을 지적하는 사람을 이상한 사상범처럼 몰아붙이는 사람들이 있다. 이와 같은 태도는 자신의 몸을 회사 뒤에 숨기는 것이다. 회사를 자랑하는 것이 결코 나쁜 일은 아니지만, 자랑할 가치가 있는 부분은 자랑하되 그렇지 못한 부분은 객관적으로 평가해야 한다.

보통 지나치게 긍정적인 시각으로 회사 칭찬만 하는 사람들은 보통 높은 급여와 뛰어난 복리후생, 대규모 시설이나 매출액, 오래된 전통이나 인증과 수상경력 등을 자랑한다. 물론 이런 것들을 자랑할 수는 있다. 그러나 이런 자랑은 마치 경제적으로 윤택하지만 가족 간의 사랑이 부족한 가정의 어린이가 가족 간의 화목과 배려는 자부하지 못하고 돈 많다는 것만 자랑하는 것과 비슷한 모습이다. 무엇을 자부하는가 하는 자부심의 원천은 그 사람의 수준과 관심을 대변하기 때문이다.

회사를 사랑하는 사람들

그렇다면 CEO은 둘 중 어떤 모습을 보일까? 회사를 지나치게 폄하할까? 아니면 지나치게 긍정할까? 올바른 CEO는 회사의 긍정할 부분은 긍정하고 부정할 부분은 부정하는 사람이다. CEO는 주인으로서 회사를 사랑하기 때문이다.

어떤 면에서는 우리 회사보다 경쟁사가 더 좋을 수 있다. 또한 회사의 어떤 모습은 조금 부끄러울 수도 있다. 그러나 또 다른 측면에서 우리 회사는 충분히 긍정적인 면이 있고 무엇보다 좋든 싫든, 잘났든 못났든 회사는 다른 사람이 아닌 '우리 회사'이기 때문에 CEO는 잘났든 못났든 자식을 사랑하는 부모와 같이 회사를 진심으로 사랑한다.

회사, 옮기지 말고 바꿔라

당신은 회사를 사랑하는가? 당신에게 회사는 곱상인가, 밉상인가? 회사의 어떤 점이 예뻐 보이고, 어떤 점이 미워 보이는가?

　주인은 자신의 집을 좀처럼 버리지 않는다. 개선해야 할 점을 개선하고, 보완해야 할 점을 보완하면서 자신의 집을 더욱 아름답게 만들어간다. 직장생활을 하는 회사원 모두는 회사의 구성원이자 주인이다. 또한 다니고 싶은 회사로 만들어가는 것은 다른 사람이 아닌 구성원인 주인, 바로 당신의 몫이다. 지금의 회사가 마음에 들지 않는가? 주인인 당신이 바꾸면 된다. 더 마음에 드는 회사로 옮기는 일보다 지금 속한 회사를 더 좋은 회사로 만드는 일이 훨씬 더 쉽고 값어치 있는 일이다. 밉상일지라도 회사를 아끼고 사랑하면, 우리 회사는 예쁘고 깜찍한 곱상으로 거듭날 수 있다.

Question 4

우리는 어떤 가치를
만들고 있는가?

'나는 생각한다, 고로 존재한다.'

프랑스의 철학자 르네 데카르트의 명언이다. 이 명언의 의미는 생각이 사람의 존재 기반이며, 생각의 힘이 사람을 동물과 구분하는 중요한 근거라는 뜻이다.

사람은 누구나 생각하며 살아간다. 그러나 생각의 깊이와 내용에는 차이가 많이 난다. 그리고 CEO처럼 고민하기 위해서는 더 많은 생각, 더 깊은 생각이 필요하다. 하나나 둘이 아니라 셋, 넷 나아가 열이나 스물까지 생각해야 한다. 1층이나 2층이 아니라 몇 십 층까지 파고들어가는 깊은 생각이 필요하다. 그리고 이

와 같이 깊고 많은 생각은 왜 회사로 모여서 일을 하는가 하는 본
질적 문제로 확장되어야 한다.

우리는 왜 모였을까?

모여서 일하면 많은 비용이 발생한다. 물리적인 공간도 필요하고
일하는 사람들이 그곳으로 오고가는 시간적 비용도 발생한다. 무
엇보다 모여서 일하면 소통의 비용이 발생한다. 서로 다른 사람
들이 모여서 일하면서 발생하는 소통의 오류를 극복해야 한다.
그럼에도 불구하고 많은 사람들이 혼자가 아니라 모여서 일하는
이유는 함께 일할 때 생기는 이익이 혼자 일할 때보다 더 크기 때
문이다.

　이와 같은 이유로 회사원은 모여서 일을 한다. 모여서 조직을
만들고 역할을 분담하여 일을 한다. 그러나 이와 같은 경제적 가
치를 뛰어넘어 왜 모여서 일하는가, 나아가 우리는 왜 회사로 모
였는가 하는 질문을 스스로에게 던져보자. 우리는 왜 회사로 모
였을까? 회사를 어떻게 이해하고 회사의 개념을 어떻게 받아들
이느냐에 따라 회사에서 하고 있는 일의 의미, 나아가 일을 통해
어떠한 가치를 추구할 것인지에 대한 태도는 달라진다. 따라서
회사로 모인 이유를 정확히 이해하고 충분히 공감한다는 것은 자
신이 몸담고 있는 회사에서 즐겁고 보람되게 일하기 위해 매우

중요한 요소가 된다.

회사는 가치창출을 위해 존재한다

／ 회사는 '사업을 하는 곳'이다. 구성원이 함께 협력하여 사업을 하는 곳이다.

모여서 일하는 게 더 좋으니까 모였다

자본, 인력, 설비, 시설과 같은 사업의 필요 자원을 공급받아 이를 다른 구성원과 함께 회사라는 제도와 공간 안에서 무엇인가를 만들어내기 위해 모인 것이다. 그리고 이런 활동을 통해 만들어내는 것이 바로 가치다.

단순히 시간만 대충 때워서는 가치를 창출할 수 없다. 그냥 두면 별 효용이 없는 식자재를 요리라는 일을 통해 맛과 영양이라는 가치가 담긴 음식으로 만드는 요리사처럼 사업을 하는 사람은 어떤 형태로든 부가가치를 창출해야 이익을 낼 수 있다. 따라서 시간을 쪼개 어떻게 하면 더 많은 부가가치를 만들 수 있을까를 고민하고 실천해야 하는데 이를 위해서는 혼자보다 함께 모여 서로 의견을 공유하고 새로운 발상을 위한 자극을 나눠야 한다.

가치를 만들기 위해 모였다

요컨대 한 마디로 사람들이 회사會社로 모인 이유는 가치를 창출하기 위함이다. 그러나 유교와 농경문화의 우리나라에서는 전통적으로 일을 사람이 사람답게 살아가기 위한 존엄한 행위로 보는 경향이 짙다. 사람이 태어나 제구실을 하려면 자신에게 맞는 일을 해야 한다는 것이다. 물론 이와 같은 생각이 천직 또는 소명의식으로 발전되어 긍정적인 면을 만들기도 한다.

그러나 이와 같은 생각은 일을 하는 공간인 회사와 휴식을 취하는 집을 장소적으로 너무 엄격하게 구분하고, 나아가 일과 생활의 균형을 위해 일과 사생활을 엄밀히 구분하는 이분법적 사고로 확대된다.

물론 일만 중요하니까 모두 워커홀릭worker-holic이 되어야 한다는 것은 아니다. 그러나 일의 의미를 회사에 한정하는 태도는 자칫 일의 본질과 회사에 모인 궁극적 가치를 흐리게 만드는 단초가 될 수 있다는 점에 주의해야 한다.

그런데 CEO처럼 고민하기 위해서는 이와 같이 회사로 모여서 만들어내는 가치의 수준을 지속적으로 높이기 위해 노력해야 한다. 회사가 지속적으로 존재하기 위해서는 이윤이라는 전제조건이 충족되어야 한다. 사람이 돈을 버는 것이 나쁜 것이 결코 아니듯 사회생태계에서 기업이 이윤을 추구하는 것은 반드시 필요하다.

회사는 재화나 서비스를 통해 고객에게 양질의 가치를 제공함으로써 얻는 이윤을 창출해야 지속적으로 성장할 수 있다. 따라서 이윤추구는 회사의 당연한 의무이자 권리다. 부모의 도움으로 성장을 마친 사람이 사회 구성원으로서 제 몫을 하려면 경제적인 역량을 갖춰야 한다. 장성한 후에도 부모나 주위 사람들에게 손을 벌리는 사람을 칭찬하는 경우는 없을 것이다.

만들어내는 가치의 수준을 높여라

회사도 마찬가지다. 회사가 이윤을 창출하지 못하면 다 큰 성인이 돈을 벌지 못해 동가숙서가식東家宿西家食하는 것과 같다. 97년 외환위기 때 수십 조 원의 공적 자금이 대기업에 투입되었던 것처럼 이윤을 창출하지 못하는 회사는 사회에 기여가 아니라 해악을 끼치는 존재일 뿐이다.

중요한 것은 회사가 이윤을 추구함에 있어서도 궁극적으로는 고객이 원하는 가치를 제공할 수 있도록 최선을 다해야 하며, 겉으로 보이는 사회공헌 활동이나 내부적인 정직과 신뢰 이전에 올바른 방법으로 올바른 이윤을 창출하려는 자세가 우선적으로 정립되어야 한다는 것이다.

이를 위해 필요한 것이 바로 창출하는 가치의 수준을 높이는 것이다. 지금의 수준에 머무는 것이 아니라 현재 고객에게 제공하는 가치의 수준을 계속해서 높이기 위한 방법을 고민하고, 이를 통해 회사의 미션과 비전을 달성해가는 노력이 요구된다. 그리고 이를 위해서는 업의 본질에 대한 통찰이 필요하다.

업의 본질을 이해하라

우리의 사업은 무엇인가?

피터 드러커는 CEO가 사업을 제대로 이끌기 위해서는 이 질문에 간결하면서도 명확하게 답변할 수 있어야 한다고 주장했다. 하고 있는 사업의 본질을 정확히 파악하는 것이 사업을 성공으로 이끌기 위해 매우 중요한 요소가 된다는 의미다.

이 질문이 바로 '업의 본질本質'에 관한 것이다.

업의 본질은 시간과 공간을 뛰어넘어 궁극적으로 고객에게 제공하고자 하는 가치가 무엇인가에 대한 해답을 뜻한다. 즉 '우리 회사가 이 사업을 수행해야 하는 이유, 이 상품이나 서비스를 제공해야 하는 이유'가 바로 업의 본질이다. 요컨대 업의 본질은 고객에게 제공하고자 하는 본질적인 가치다.

따라서 업의 본질은 필연적으로 회사의 미션이나 비전과 동일한 연결고리로 이어진다. 업의 본질은 결국 회사가 존재하는 궁극적 이유를 고객에게 납득할 수 있도록 설명할 수 있는 근거가 되기 때문이다. 나아가 업의 본질은 회사 구성원의 행복, 회사라는 조직의 행복, 고객과 사회와 모든 세상의 행복을 연결하는 수단이 된다.

업의 본질은 구성원의 가치와도 연결된다

훌륭한 CEO는 업의 본질에 대한 충분한 통찰을 통해 자신이 하는 일의 가치, 자신이 이끄는 회사의 가치를 확장하고 꿈꾼다. 그러나 많은 직장인이 업의 본질에 대해 아예 모르고 있거나, 개념은 알고 있다고 해도 자신이 몸담고 있는 회사의 업의 본질을 명확하게 짚어내지 못한다. '좋은 제품을 만들어서 고객에게 값싸게 공급하는 것'도 업의 본질에 대한 답변이 될 수 있다. 그러나 업의 본질은 단순히 물건을 많이 팔아 이윤을 많이 남기는 수준이 아니다. 업의 본질은 회사와 회사 구성원이 고객에게 제공하고자 하는 궁극적인 '고객가치'와 맞닿는 높은 수준의 개념이다.

보통 테마파크는 어떻게 하면 고객을 더 많이 오게 할 수 있는지, 고객을 더 편하고 즐겁게 하는 방법이 무엇인지 고민한다. 좀 더 전략적으로는 고객 1인당 지출 금액을 높이는 방법을 고민하기도 한다. 이를 위해 요금 인하나 할인 쿠폰 발급을 통해 가격경쟁력을 확보하기 위해 노력한다.

종전처럼 상품 종류나 교통의 한계가 분명했던 때는 경쟁력의 가장 중요한 변수가 가격이었다. 그러나 이젠 가격 경쟁만 치열하게 하면 경쟁을 위한 경쟁으로 전락해 시장 전체가 흐려질 뿐이다. 고객 역시 처음에는 저렴한 가격의 혜택을 받겠지만 결국 허접해진 서비스로 인해 손해를 보게 된다.

이제 고객은 무조건 가격만 따지는 일 대신 자신이 받을 수 있는 가치에 더욱 큰 관심을 갖는다. 따라서 경쟁력 확보를 위해 테마파크는 '가족과의 사랑을 확인하는 추억의 순간'이나 '연인과 함께 하는 한밤의 공포' 같이 고객에게 제공하고자 하는 궁극적인 가치를 업의 본질로 확장해야 한다.

이와 같은 업의 본질은 그 회사에서 일하는 구성원의 행복과도 연결된다. 그와 같은 행복과 즐거움을 고객에게 제공하는 과정에서 테마파크에서 일하는 자신 역시 행복을 느끼고 즐거움을 얻을 수 있어야 하기 때문이다.

업의 본질은 지속가능경영을 이끌어낸다

1980년대 후반, 일본의 철도사업을 담당하던 국영기업 JNR^{Japan National Rail}은 민영화를 통해 지역에 따라 6개의 회사로 분할되었다. 이때 분리된 민영기업 중 혼슈ᡮ土 동북 지역의 철도사업을 담당하게 된 회사가 바로 동일본철도다.

오랫동안 국가의 기간산업으로서 보호를 받던 동일본철도는 급변한 환경에 적응하는 데 실패한다. 온실 속의 화초 같던 회사가 야생의 들판으로 나오니 그럴 수밖에 없었다. 생존을 위한 힘겨운 싸움을 지속하던 이 회사는 철도만으로는 회사를 유지하기 힘들었기 때문에 철도 외의 사업에 진출해야 하는 상황에 직면했다.

그러나 동일본철도의 구성원은 어떤 사업에 진출해야 할지 갈피를 잡지 못했다. 오랜 고민 끝에 그들은 자신들이 하고 있는 철도 운송업이라는 '일' 자체의 한계를 탈피해, 회사가 추구하는 '업의 본질'을 '믿을 만한 라이프 스타일을 창조한다'는 개념으로 확장했다. 이를 통해 종합적인 생활 서비스 기업으로의 확장하겠다는 방향을 잡았다.

몇 차례의 시행착오를 거쳐 이 회사는 기존의 철도 운송업을 주요사업으로 유지하면서도 여행, 숙박, 쇼핑, 부동산관리, 도서 발간, 광고, 보험 등 기존 사업과 연계되며 믿을 만한 라이프 스타일을 창조한다는 업의 본질을 추구하는 다른 분야로 사업을 다각화했다. 그 결과 동일본철도는 어려움을 이겨낼 수 있었고 지금까지 철도와 역 부근의 호텔을 할인된 가격으로 이용할 수 있는 할인 패스 서비스, 자사 시설은 물론 지분 투자한 도쿄 모노레일의 모든 시설까지 이용할 수 있는 선불형 카드 등을 통해 계속해서 발전하고 있다.

이처럼 업의 본질에 대한 정확한 통찰은 지속가능경영을 통해 고객에게 변함없이 사랑받는 장수기업으로 성장할 수 있는 굳건한 발판이 된다.

하고 있는 일의 가치를 스스로 부여하라

/ 업의 본질은 회사를 구성하는 개인이 하는 일의 가치와도 밀접하게 연결된다. 어떤 일을 하느냐, 나아가 그 일을 어떻게 하느냐를 결정하는 중요한 기준이 될 수 있기 때문이다.

음화를 그렸던 밀레

〈만종〉, 〈이삭줍기〉, 〈씨 뿌리는 사람〉 등 서정화의 거장 장 프랑수아 밀레Jean Franöis Millet, 1814~1875. 프랑스 노르망디의 작은 동네에서 태어난 밀레는 그림을 공부하다 빼어난 실력을 인정받아 장학생으로 선발되어 파리로 진출했다.

그러나 유명한 화가가 되겠다는 꿈을 갖고 파리로 온 청년 밀레에게 대도시에서의 삶은 힘겨움의 연속이었다. 경제적으로는 하루하루 끼니를 걱정해야 하는 형편이었고 자신의 재능 역시 작은 시골마을을 벗어나자 볼품없어 보였다. 무엇보다 그때까지 그는 그림을 통해 이루고자 하는 참다운 가치가 무엇인지 생각하지 못했다. 밀레에게 그림은 그저 당장에 해야 할 일일 뿐이었다.

형편이 더욱 어려워져 생존을 위협받게 된 밀레는 궁여지책으로 상업성이 있는 누드를 그리기 시작했다. 그림을 통해 얻고자 하는 목적이 불분명하고 그림을 돈벌이 수단이라고 생각했기에 어떤 그림을 그리느냐는 중요한 문제가 아니었다.

아직 사진기술이 발달하지 않았던 19세기 중반 프랑스에서 누드 그림은 짭짤한 돈벌이였다. 누드 화가로서의 생활에 익숙해지고 어느 정도 여유가 생긴 밀레는 어느 날, 작은 선술집에서 건장한 두 청년이 술잔을 기울이며 음담패설을 늘어놓는 것을 우연히 듣게 되었다. 그리고 자신이 그리고 있는 음란한 그림이 그 청년들과 같이 음담패설을 즐기는 사람의 소재가 되고 있다는 사실에 심한 자괴감을 느끼며 고개를 떨궜다. 그리고 그는 일생일대의 결심을 한다.

"돈을 버는 일도 좋고, 시류를 따라갈 수도 있지만 인간의 순수한 아름다움을 그려 사람들을 진정으로 행복하게 하고 싶다."

먹고사는 문제를 해결하기 위해 음화를 그리기 시작했던 밀레는 자신이 그린 음화가 뒷골목 음담패설의 소재가 되고 있음을 목격하며 그림이 만드는 가치를 생각했다. 그리고 마침내 말초적 욕구를 비뚤어진 방법으로 해소하려는 사람에게 야릇한 가치를 제공하는 그림이 아니라 넉넉하고 따뜻한 마음을 나누고 싶은 사람들에게 아름다운 가치를 제공하는 그림을 그리기 시작했다. 밀레는 자신이 그림을 그리는 이유와 화가가 되고자 하는 진정한 업의 본질을 깨달았던 것이다. 지금까지 수많은 사람들에게 따뜻한 정감을 주고 있는 밀레의 명화 속에는 자신이 하는 일의 궁극적 가치, '업의 본질'을 생각한 화가의 고뇌가 가득 스며들어 있다.

가치 있는 일하기, 일을 가치 있게 하기

변화하는 환경에 능동적으로 대처하기 위해서는 핵심과 본질을 꿰뚫는 힘이 필요하다. 그렇지 못하면 작은 위기도 넘기지 못할 가능성이 크다. 업의 본질에 대한 생각 없이 일하는 것은 탄탄한 실력 없이 그때그때 필요한 공식만 외워서 수학문제를 풀다가 조금만 다른 유형의 문제가 나오면 쩔쩔 매는 것과 같다. 어떤 상황이 닥쳐도 목적지를 향해 전진하기 위해서는 확실한 기본체력을 갖추고 있어야 한다. 이것이 바로 업의 본질을 꿰뚫고 있어야 하는 이유다.

CEO와 같은 고민을 하기 위해서는 업의 본질에 대한 치열한 탐색이 필요하다. 이를 통해 자신과 자신이 속한 회사가 고객에게 주는 궁극적 가치가 무엇인지 정립함으로써 고객과 회사에 더 크고 값어치 있는 가치를 선사할 수 있어야 한다.

Question 5

누가 우리의
고객인가?

상대가 누구인지 알아야 싸움에서 승리할 수 있다. 만나야 할 사람이 누구인지 정확히 인식해야 만남을 통해 원하는 바를 이룰수 있다. 회사에서 업무를 실행하는 과정에서도 자신의 카운트파트너가 누구인지 명확히 알아야 한다. CEO처럼 고민하기 위해서 우리 회사의 고객이 누구인가를 알아야 한다.

사랑방 손님과 어머니는 어떤 사이인가?

주요섭의 소설 〈사랑방 손님과 어머니〉는 우리나라 사람이라면 거의 다 알고 있을 유명한 이야기다. 30~40대 남자와 여자 간의 사랑이라는 애틋한 감정이 소설의 중요한 플롯이지만 이 소설을 '고객'이라는 관점에서 재해석해도 흥미롭다.

소설 속에는 전쟁터로 나간 후 생사도 알 수 없는 남편을 기다리며 홀로 어린 딸을 키우며 힘겹게 살아가는 어머니가 주인공으로 등장한다. 그런데 우연한 계기로 남편의 친구가 주인공 집의 사랑방에 기거하게 되고 어머니는 사랑방 손님이 된 남편 친구의 생활을 도와줘야 하는 상황에 이른다.

어머니에게 사랑방 손님은 단순한 손님이 아니었다. 옥희 어머니에게 사랑방 손님은 특별한 서비스가 제공되어야 하는 장기 투숙자, 일반적인 수준을 능가하는 관심과 배려가 요구되는 단골 수준을 능가하는 그야말로 VIP 고객이었다. 따라서 어머니는 사랑방 손님의 작은 행동과 반응 하나 하나에 집중하게 되었고, 딸의 질투를 무릅쓰면서도 계란과 같은 특별 식단을 아끼지 않았다. 사랑방 손님에 대한 어머니의 모습은 고객지향의 본질을 명확하게 보여준다. 고객지향은 고객에 대한 진정한 사랑과 배려로 나타난다. 그런데 고객을 지향하려면 고객이 누구인지 정확히 알아야 한다. 그래야 고객을 만족시킬 수 있고 원하는 성과를 창출할 수 있다.

고객과 우리 회사는 어떤 관계인가?

현명한 CEO는 항상 우리의 고객이 누구인가, 우리 회사를 먹여

살리는 고객은 어떠한 생각을 하고 있으며 어떤 특성을 가지고 있는지 고민한다.

고객에 대한 정확한 인식은 매우 중요하다. 고객에 대한 인식의 확대로 '상점 따위에 물건을 사러 오는 사람' 이라는 고객에 대한 사전적 정의를 액면 그대로 받아들이는 사람은 이제 거의 없을 것이다. 고객에 대한 강조는 곧 고객의 범위를 지속적으로 확대했다. 회사에서는 내부고객, 외부고객이라는 말을 많이 쓰는데 잘 알겠지만 외부고객은 일반적으로 좁은 의미의 고객을, 내부고객은 회사 내부에서 서로 관계를 맺고 업무 협조를 이뤄가는 구성원을 말한다. 동료나 선후배를 고객이라고 인식하는 현상은 고객의 범위가 확대되었음을 나타나는 대표적인 현상이다.

자신의 모습을 생각해보자. 당신이 당장 처리해야 하는 일의 영향을 가장 먼저 받는 사람은 누구인가? 이 일을 제대로 처리하지 못하면 곧바로 피해를 받는 사람은 누구인가? 거꾸로 자신이 업무를 잘 수행할 때 이득을 얻는 사람은 누구인가? 나아가 우리 회사가 만들어내는 가치를 누리고 있는 사람은 누구인가?

고객이 누구인가 하는 생각을 통해 회사가 만들어내는 가치의 범위를 맞추고, 수준을 높일 수 있다. 따라서 CEO처럼 고민하기 위해서 고객에 대한 정의와 분석은 매우 중요한 과정이다.

우리 회사의 고객은 누구일까?

／ 1990년대 초, '고객을 위한 가치창조'라는 카피의 이미지 광고가 인기와 관심을 끈 적이 있다.

30년이 넘는 세월이 지난 지금은 기업이 고객을 위해 가치를 창조한다는 것이 지극히 당연한 상식으로 받아들여지고 있지만 당시에는 기업이 스스로 '우리 회사는 고객에게 가치를 제공하기 위해 노력한다'고 이야기하는 것 자체가 감동으로 받아들여졌다.

매출을 올리는 사람이 고객이다

고객이란 단어 자체가 생소하던 시대를 지나 지속적으로 고객에 대한 강조가 이뤄졌지만 여전히 고객의 1차적인 범위는 회사의 재화나 용역을 구매하는 사람, 즉 회사의 매출을 올려주는 사람임이 분명하다.

사람은 누구나 서로 가치와 대가를 주고받으며 살아간다. 기업 역시 고객에게 제품과 서비스를 제공해주고 그 대가를 받아 성장하고 발전한다. 고객과 서로 가치를 주고받음으로써 생존할 수 있는 것이다. 이때 회사가 만들어내는 가치를 제공받고 그 대가로 금전적 가치를 지불하는 주체가 바로 고객이다.

간혹 가까운 사람에게는 잘하지 못하면서 먼 사람에게는 친절과 배려를 실천하는 사람이 있는데, 회사가 비슷한 모습을 보여서는 안 된다. 고객의 범위를 확대하는 것은 좋지만 그렇다고 해서 가장 중요한 고객, 가장 본질적인 관계의 고객을 소홀히 대해서는 안 된다. 회사의 매출을 올려주는 사람은 곧 회사 구성원에게 월급을 주는 사람이자 회사를 유지하게 해주고 나아가 회사의 존립 근거가 되기 때문이다.

회사와 관계된 모두가 고객이다

이처럼 가장 중요한 고객이 회사가 만들어내는 가치를 사용하고 그에 따른 대가를 지불하여 회사의 매출을 만들어주는 사람임은 분명하지만 이들이 고객의 전부는 아니다.

고객을 매출이라는 관점으로만 생각해 좁게 정의하면 많은 문제가 발생한다. 예를 들어 예전에는 고객이었지만 지금은 우리 회사 제품을 쓰지 않는 사람들을 홀대한다거나, 아직은 고객이 아니지만 우리 회사 서비스에 관심을 보이는 잠재고객을 '간'만 보는 사람으로 폄하할 수도 있다. 따라서 고객의 범위는 단순히 매출을 올려주는 사람으로 국한되어서는 안 되고, 좀 더 넓게 회사와 관계를 이루고 있는 사람으로 확장해야 한다.

가장 대표적인 고객 범위의 확장 실례가 앞에서 살펴봤던 내부고객과 외부고객이다. 직장인에게는 모두 내부고객과 외부고객이 있다. 내부고객은 함께 일하는 동료나 상사처럼 같은 조직 내에 존재하면서 나의 행동에 영향을 받는 사람들이다. 외부고객은 흔히 말하는 고객, 즉 기업이 제공하는 재화나 용역을 구매하는 사람을 말한다. 외부고객은 물론 내부고객과도 가치를 올바르게 주고받아야 서로 건강하고 안정적인 모습을 유지할 수 있다.

매출-매입의 관계는 아니지만 회사와 업무상 관련 있는 정부나 공공기관, NGO나 언론사 등도 고객임이 분명하다. 협력회사는 물론, 동종업계의 경쟁사 역시 넓은 의미에서 고객이라고 할수 있다. 물론 같은 고객이라고 해도 어떤 고객이냐에 따라 적절한 관계와 필요한 행위는 다르겠지만 이와 같은 소비자가 아닌 고객에 대해서도 관심과 배려를 기울여야 한다.

나를 제외한 모두가 고객이다

이와 같은 개념을 확장하면 고객의 범위를 나 또는 우리 회사의 행위로 인해 발생하는 영향을 받는 모든 사람들로 넓힐 수 있다. 즉, '나(또는 우리 회사)를 제외한 모든 사람이 고객'이라고 말할 수 있다. 왜냐하면 사람과 사람, 회사와 회사의 모든 관계들은 서로 영향을 주고받게 되며 그 과정에서 언제든 넓은 의미의 고객이 좁은 의미의 고객이 될 수 있기 때문이다.

'나 자신을 제외한 모든 사람'이라는 고객의 정의에 동의할 때 고객은 곧 자아의 전제가 된다. 나아가 우리 회사의 존재 근거이자 전제가 된다. 고객이 없으면 내가 없다. 고객이 없으면 나의 회사가 있을 수 없다. 남편이 없으면 아내가 없고, 자식이 없으면 부모가 없듯이 고객이 없으면 내가 없는 것이다. 나무가 있어야 열매가 있고, 바다가 있어야 돌고래가 있듯이 고객이 있어야 기업이 있는 것이다. 고객은 나의 전제이자 기업의 전제다.

기업이 자신의 전제가 되는 고객을 바라보고 관심을 갖고 배려하고 이해하고 사랑하는 것은 도덕이자 본질적 행위이다. 해바라기가 태양을 바라보는 것은 생존을 위해 반드시 해야 할 일인 것처럼 나의 생존과 발전을 위해서는 안팎의 고객을 예의주시하고 고객의 만족을 위해 노력해야 한다.

연애 초보와 연애 고수의 차이

／ 이처럼 고객의 범위가 확대되면 그만큼 개인과 회사는 신경 써야 할 일이 많아진다. 그러나 한정된 시간과 에너지를 분산하는 것이 아니라, 모든 대상에 신경 쓰되 그중에서도 더 중요한 대상에 힘을 집중해야 한다. 이를 위해 필요한 것 중에 하나가 바로 고객의 마음을 어떻게 정확하게 읽어내느냐.

드러난 요구만 파악하는 연애 초보

CEO처럼 고민하기 위해 필요한 '고객이 누구인가?'에 대한 대답을 위해서는 단순하게 '이러이러한 사람이 우리의 고객이다'라는 사실을 아는 것에 그쳐서는 안 된다. 그 고객이 정말로 원하는 것이 무엇인지 알아차릴 수 있는 힘이 있어야 고객이 누구인지를 제대로 안다고 할 수 있다.

숨겨진 욕구까지 파악하는 연애 고수

초등학생인 아들이 아빠에게 고장 난 자전거를 고쳐달라고 했다. 이때 자전거를 고쳐 달라는 아들의 요구는 겉으로는 말 그대로 자전거 수리다. 그러나 자전거를 고쳐달라는 표현 안에는 아빠랑 놀고 싶다, 고민거리가 있는데 아빠랑 상의하고 싶다는 마음이 있을 수 있다. 이때 자전거 수리라는 드러난 요구要求는 니즈needs로, 아빠랑 놀고 싶다는 숨겨진 욕구欲求는 원츠wants라고 정의할 수 있다. 니즈는 1차적인 요구로 배가 고플 때 음식을 먹고 싶다거나 추울 때 따뜻한 옷이 필요하다고 하는 것과 같이 외부로 드러나 상대방이 인식하기 쉬운 반면, 원츠는 개인의 기호와 체험을 근거로 하는 숨어 있는 욕구를 말한다.

대부분의 경우 북극의 빙산과 같이 겉으로 볼 수 있는 니즈는 10분의 1에 불과한 반면, 안에 숨겨진 원츠가 훨씬 더 많다고 한다. 따라서 겉으로 드러나 있는 니즈는 한두 번의 관찰과 사고를 통해 깨달을 수 있지만, 속에 숨겨 있는 욕구인 원츠는 그렇지 않다. 따라서 고객은 무엇을 원할까, 저런 말을 왜 했을까에 대해 더욱 심오하고 본질적인 질문에 답해야 한다.

니즈를 넘어 원츠까지 충족하라

사실 니즈를 파악하는 것은 그렇게 어렵지는 않다. 니즈는 보통 일반적이고 평면적이며 겉으로 드러나기 때문이다. 반면에 개인의 특성과 체험이 고스란히 반영되어 있는, 그래서 속으로 꼭꼭 숨어 있는 원츠를 파악하기 위해서는 집중적이고 꾸준한 노력이 필요하다.

회사의 구성원 간에도 서로 니즈뿐 아니라 원츠를 파악하고 이를 충족하려면 상대방을 고객으로 인식한 후 애정 어린 관찰이 계속되어야 함과 동시에 자신이 아닌 상대방의 입장에서 생각해보는 역지사지의 태도가 필요하다. 또한 숨겨진 욕구는 매우 특수하고 입체적인 형태를 나타내기 때문에 상대방의 욕구까지 채워주고자 하는 강한 의지가 필요하다. 어렵사리 원츠를 파악했다고 해도 그것을 충족시켜줄 의지가 없다면 고객만족은 이뤄질 수 없다.

결국 원하는 성과를 얻기 위해서는 '제품과 서비스를 통해 고객을 얼마나 만족시켰는가?', 즉 '원츠를 제대로 파악하여 욕구를 충족시켜주었는가?'라는 질문에 명확하게 답할 수 있어야 한다.

단순히 우산이 필요하다는 니즈뿐 아니라 예쁘고 튼튼한 우산을 갖고 싶다는 원츠까지 파악하고 채워줘야 하는 것이다. 고객의 입장에서 고객의 가려운 곳을 긁어주고, 고객이 진정 필요로 하는 원츠를 충족시켜주는 제품과 서비스야말로 가장 수준 높은 경쟁력이 된다.

연애 고수처럼 사업에 성공한 하워드 슐츠

드러난 요구 너머에 있는 숨겨진 욕구까지 파악해야 연애의 고수가 될 수 있고 고객에 대해 CEO처럼 생각할 수 있는 경지에 이를 수 있다. 스타벅스의 창업자 하워드 슐츠는 니즈는 물론 원츠까지 파악하여 사업에 성공했다.

1953년, 가난한 노동자의 집에서 태어난 하워드 슐츠는 미시건 대학교를 졸업한 후 후지제록스에 입사하여 마케팅을 하다 해마 플라스트라는 회사의 부회장까지 오른다. 그즈음이던 1982년. 그는 우연히 맛본 스타벅스 커피에 빠져 안정된 직장을 그만두고 스타벅스 회사로 찾아가 자신에게 마케팅 업무를 맡겨 달라고 요청한다. 당시 스타벅스는 고작 6개의 매장을 가지고 있었고, 원두를 분쇄한 상태로 판매하는 회사였다. 따라서 마케팅의 필요성을 느끼지 못한 스타벅스는 슐츠의 입사 제안을 큰 고민 없이 거절한다.

그러나 그는 포기하지 않고 스타벅스의 의사결정권자들에게 마케팅의 중요성을 계속해서 일깨운다. 그리고 마침내 슐츠는 29

세에 스타벅스의 마케팅 담당 이사가 되어 스타벅스 1호점에서 원두의 종류나 커피를 추출하는 방법, 커피의 신선도를 유지하는 방법 등 커피에 관한 모든 것을 익혔다. 더불어 슐츠는 직접 고객을 응대하며 현장 감각을 익히는 일도 빠뜨리지 않았다.

그러던 어느 날 이탈리아에 출장을 갔던 슐츠는 그곳의 카페가 주민들에게 소통과 휴식의 공간이 되고 있다는 사실을 실감한다. '카페가 단순히 커피를 파는 곳이 아니라 문화와 경험을 나누고 소통하는 공간이 되고 있구나!' 이와 같은 생각을 통해 슐츠는 소름끼치도록 짜릿한 충격을 받는다. 커피라는 드러난 요구를 채워주기 급급했던 자신의 모습과 달리 이탈리아의 카페는 고객이 가지고 있는 커피 이면의 숨겨진 욕구까지 채워주고 있었던 것이다.

이후 그는 매장을 커피를 즐기며 소통하는 공간으로 바꾸자고 제안한다. 니즈가 아닌 원츠까지 파악했기에 가능한 제안이었다. 그러나 스타벅스 경영진은 이를 거부한다. 하워드 슐츠는 스타벅스라는 조직 안에서는 고객의 원츠까지 채워주고 싶다는 자신의 꿈을 이룰 수 없다고 판단하고 자신의 카페를 만들기로 결심한다. 그리고 1986년 '일 지오날레'라는 카페를 시애틀에 2곳, 밴쿠버에 한 곳 개점한다. 이로써 원두에서 추출한 에스프레소 음료를 단순히 팔기만 하는 것이 아니라 자신이 이탈리아에서 직접 체험한 커피, 사람, 문화가 함께 공존하는 공간을 만들었다.

1년 후인 1987년에 슐츠는 스타벅스를 모조리 인수하는데 성공한다. 그 후 그는 회사명은 그대로 유지한 채 스타벅스의 모든 매장을 커피라는 니즈와 함께 문화와 소통이라는 고객의 원츠까지 채워주는 공간으로 바꿔간다.

현재 스타벅스는 전 세계에 약 1만 7,000개의 매장을 갖고 있는 명실공히 세계 최고의 커피 회사다. 사람들의 드러난 요구는 물론 숨겨진 원츠까지 파악하고 그 충족을 위한 노력을 실행하는데 성공한 하워드 슐츠. 그가 몸담고 있는 40여 년 사이 스타벅스는 한 해 동안 100억 달러 어치의 커피를 판매하는 거대한 글로벌 기업이 되었다.

고객의 마음을 사로잡는 비결

/ CEO는 항상 고객의 마음을 사로잡기 위해 노력한다. 우리의 고객이 누구인지 명확히 알았다면 이제 그 고객의 마음을 사로잡을 수 있어야 한다.

고객 사랑의 기초체력, 감수성
고객의 마음을 사로잡기 위해서는 감수성sensitivity이 필요하다. 고객의 관심과 기호, 아픔과 어려움을 따뜻하고 친절한 눈길로 헤아려 내가 해줄 수 있는 것이 무엇일까 고민해야 한다. 고객에게 해주면 좋아할 만한 것이 무엇이고, 지금 아쉽고 불편한 점은 무엇인가에 대한 파악은 고객을 위한 제품과 서비스를 제공하기 위한 출발점이 된다. 그리고 이를 위해서는 상대방의 입장을 헤아릴 수 있는 감수성이 필요하다. 고객에게 예민한 감수성을 발휘하여 고객이 원하고 아쉬워하는 것을 알게 된 다음에는 상상력을 발휘하여 고객의 욕구를 충족시킬 수 있는 방법을 강구해야 한다.

'바보의사'라는 별명을 가진 장기려 박사(1911~1995)는 종교적 윤리를 바탕으로 감수성을 발휘하여 몸도 아프고 돈도 없는 가난한 환자의 불편함과 어려움을 자신의 것으로 생각하며 함께 아파했다. 나아가 장기려 박사는 그저 함께 아파하는 정서적 교감에 그친 것이 아니라 재능을 발휘하고 희생을 실천하여 새로운 의학 기술을 체화하고 간암 이식 등 어려운 수술에 성공했다.

이처럼 감수성을 통해 고객에게 가까이 다가가 고객의 니즈와 원츠를 실감하며 이에 대한 해법을 제시하는 것이 고객과 건강한 관계를 만들어가는 핵심이다.

고객 사랑의 실행 능력, 상상력

고객이 누구인가를 정확히 이해하고 감수성을 발휘하여 고객의 욕구를 감지했다면 이제 그 욕구를 채워줄 수 있어야 한다. 이를 위해 필요한 것이 바로 상상력이다. 상상력을 발휘하여 욕구 충족의 방법을 강구하고 실행하는 일이야말로 고객은 물론 나와 내가 속한 회사의 생존과 발전을 위해 반드시 해야 할 일, CEO처럼 고민하기 위해 꼭 필요한 일이다.

고객이 누구이며 고객이 나와 우리 회사에 어떠한 존재인지를 정확히 안다면 고객 불만을 크게 줄일 수 있을 것이다. 고객이 내가 존재할 수 있는 전제라고 생각하는 사람은 고객의 까다로운 요구를 불평의 대상이 아니라 발전을 위한 밑거름으로 생각하고, 고객의 요구가 복잡하고 구체적이고 다양할수록 나와 회사의 발전을 위한 아이디어를 그만큼 많이 획득할 수 있다고 생각하기 때문이다. 이와 같은 생각의 전개를 위해서는 상상력이 필요하다. 눈앞에 보이는 현실을 직시하되 그 뒤에 존재하는 현상과 원인에 대한 상상을 통해 고객 사랑을 실천할 수 있기 때문이다.

이는 외부고객은 물론 내부고객과의 관계에도 동일하게 적용할 수 있는 이야기다. 그래서 고객이 모여 있는 현장보다 더 의미 있는 자료실은 없다. 따라서 고객 사랑을 실천하기 위해서는 상상력을 발휘하여 고객의 목소리에 귀를 기울여야 하고, 고객이 원하는 바를 파악하기 위해서는 고객 곁으로 가까이 다가서야 한다.

켈로그가 고객을 사로잡은 비법

시리얼의 창시자 켈로그^{Will Keith Kellogg}는 초등학교 졸업의 학력으로 미국 배틀크리크^{Battle Creek}라는 작은 도시에 있는 내과병원에서 25년 동안 잡역부로 일하고 있었다. 그의 업무 중에는 입원환자에게 식사를 제공하는 일도 포함되어 있었다. 병원의 급식메뉴는 주로 곡물과 육류, 야채로 구성되어 있었는데 환자들이 이런 음식은 잘 소화하지 못한다는 사실을 알게 되었다. 켈로그는 자신이 가져다주는 음식을 소화하지 못하는 환자에게 연민의 정을 느낀다. 감수성을 발휘한 것이다.

켈로그는 어떻게 하면 입원환자가 더 편안하게 식사를 할 수 있을까 고민하기 시작했다. 이번에는 상상력을 발휘했다. 밀을 삶아서 먹기 쉽도록 눌러내는 방법을 써봤지만 여의치 않았다. 그러나 켈로그는 포기하지 않고 수많은 시행착오 끝에 시리얼을 발명했다. 밀의 껍질을 그대로 포함하고 있는 시리얼은 간편하게 먹을 수 있을 뿐만 아니라 영양가도 빵보다 훨씬 높아 환자에게 좋은 반응을 얻었고 인근 병원에서도 켈로그의 시리얼을 찾기에 이르렀다. 이후 환자들은 퇴원 이후에도 시리얼을 찾기 시작했고 켈로그는 환자뿐만 아니라 일반인 대상의 시리얼 개발에도 성공해 시리얼은 오늘날 전 세계에서 애용되는 대용식의 대명사가 되었다. 감수성과 상상력의 조화를 통해 고객만족에 성공한 것이다.

고객만족을 넘어 고객사랑을 실천하라

동서고금 남녀노소를 막론하고 모든 사람들의 가슴을 설레게 하는 문장이 있다면 아마 'I love you'일 것이다. 누구나 한번쯤은 이 말로 자신의 사랑을 고백해본 적이 있을 것이다. 그리고 그 기억이 오래된 추억이든 현재진행형이든 사랑한다는 말은 늘 우리를 설레게 한다.

고객사랑을 실천하기 위해서는 업무를 수행함에 있어 고객이 우선이라는 생각으로 고객의 니즈와 원츠를 정확히 파악하고 신속하게 대응해야 한다. 이를 위해 먼저 나와 우리 회사의 현재와 미래의 고객이 누구인지 명확히 인식해야 하고, 겸손하고 친절하게 고객의 소리를 경청하고 고객의 기대와 요구에 부응해야 한다. 또한 고객이 원하는 품질과 서비스를 제공하기 위하여 다양한 방법을 활용하여 고객의 요구와 욕구를 충족해야 한다.

이를 위해서는 고객을 군중이 아닌 한 사람 한 사람의 개인으로서 인식하여 고객 맞춤형 서비스를 제공할 수 있어야 하며 고객과의 친밀한 관계 유지를 통해 고객의 잠재적 요구를 파악하고 이를 실현하는 자세를 늘 유지해야 한다. 나와 우리 회사의 전제가 되는 고객을 진심으로 사랑하면 고객 역시 나와 우리 회사를 진심으로 사랑할 것이다.

PART 2

CEO처럼
계산하라

장기를 두려면 우선 길과 규칙을 알아야 한다.
마馬 나 상象이 움직이는 길도 알아야 하고,
포包가 포를 넘지 못한다는 규칙도 알아야 한다.
그러나 최소한의 규칙을 이해한 것만으로 장기에서
이기기는 힘들다. 규칙을 바탕으로 상대방의 수를
계산할 수 있어야 이길 수 있다.
인생의 CEO가 되기 위해서도 치밀한 계산이
필요하다. 나아가 CEO처럼 계산하기 위해서는
계산의 심도를 높여야 한다. 한두 수만 계산하며
장기를 두는 것이 아니라 몇 십 수 앞까지 계산할 수
있어야 CEO처럼 일할 수 있다.
더불어 계산의 범위를 넓혀야 한다.
눈앞의 지엽적인 두세 개의 장기 말에 매몰되는 것이
아니라 장기판 전체를 두루 살피며 모든 말의
움직임을 관측하면서 계산해야 한다.
계산의 심도가 깊어지고 범위가 넓어질 때 몇 십 수
앞까지 계산해 판 전체를 통찰할 수 있어야 치밀하고
정확하게 계산하는 CEO가 될 수 있다.

Question **6**

우리 회사는 어떻게
돌아가고 있는가?

나무를 보는가? 숲을 보는가?

주로 숲을 보는 사람이 있고, 나무를 보는 사람이 있다. 숲은 수많은 나무로 이뤄진다. 나무가 모여 군락을 만들고, 군락이 모여 숲을 이룬다. 세부사항을 자세히 파헤치는 사람들은 보통 한 그루 한 그루의 나무에 집중한다. 따라서 그들의 눈에 숲 전체는 잘 들어오지 않는다. 반면에 크게 보는 사람들은 나무보다는 하나의 숲을 본다. 개별보다는 전체적 윤곽을 관찰하고, 숲을 먼 거리에서 조망한다.

이와 같은 차이는 업무를 추진하고 문제를 해결하는 과정에서도 나타난다. 나무를 보는 사람들은 매우 꼼꼼하고 정확하지만, 큰 맥락에서 문제의 원인과 해법을 제시하는 데는 약하다. 각론은 뛰어나지만 총론은 빈약하다는 이야기다. 거꾸로 숲을 주로 보는 사람들은 총론은 훌륭한데 각론이 공허하다. 거대 담론과 방향성은 좋지만 구체적인 해법과 실행은 약하다. 그래서 나무를 보는 사람들은 숲만 보는 사람들을 엉성하다고 비판하고, 숲을 보는 사람들은 나무를 보는 사람들을 근시안적이라고 지적한다.

숲을 주로 보느냐, 나무에 초점을 맞추느냐 하는 차이는 회사를 바라보는 시각에서도 나타난다. 크게 보는 사람들은 전사적인 전략과 방향에 대해 목소리를 높인다. 그러나 각 부서의 세부적인 전술이나 각 구성원의 효율성 제고방안에 대해서는 일반적인 모범답안만 내놓는다. 작게 쪼개서 보는 사람은 매우 미시적인 접근을 통해 정확한 분석에는 능하지만 큰 방향성에서 그와 같은 노력이 적합한지에 대해 의구심을 갖게 한다.

나무만 보는 CEO, 숲만 보는 CEO

그렇다면 CEO는 숲을 보는 사람일까? 나무를 보는 사람일까? 어떤 CEO는 숲만 본다. 이들은 전략가로서는 탁월하지만 회사 구석구석을 일일이 파악하진 못한다. 또 다른 CEO는 나무만 본다. 일선 직원도 미처 알지 못하는 회사의 작은 부분까지 꿰고 있지만 CEO가 아니라 대리 같다는 비아냥을 듣기도 한다. 좀 더 큰 시각에서 미래전략을 고민하고 방향을 제시하지 못한다는 아쉬움 때문이다.

바람직한 CEO는 숲을 보는 동시에 나무를 볼 수 있어야 한다. CEO는 나무를 보다가도 숲을 봐야 하고 숲을 보다가도 나무를 볼 수 있어야 한다. 아무도 오지 않는 높은 산꼭대기에서 멀리 내다볼 수도 있어야 하고, 인적이 드문 지하실 구석구석을 파헤칠 수도 있어야 한다. 그러나 이와 같은 자세는 CEO에게만 필요한 것이 아니다.

CEO처럼 계산하기 위해서는 조직이 어떻게 돌아가는지 파악해야 하며, 이를 위해서는 숲과 나무를 동시에 관찰하고 파악할 수 있어야 한다. 숲과 나무를 동시에 보는 올바른 시야로 회사를 살펴보자. 우리 회사는 어떻게 돌아가고 있을까? 회사라는 자동차가 어떻게 굴러가는지 알아야 비로소 CEO처럼 계산할 수 있게 된다. 마치 디지털카메라의 줌 인과 줌 아웃 기능을 통해 자유자재로 피사체를 당겼다 밀었다 하는 것처럼, 회사가 돌아가는 모습을 가까운 거리와 먼 거리에서 입체적으로 관찰해야 치밀한 계산을 할 수 있다.

내 눈에 비치는 회사의 모습들

／ 육안에는 시력 차이가 있을 뿐이지만, 심안은 관심의 대상 자체를 바꾼다. 그리고 이런 차이는 자신이 소속된 회사가 어떻게 돌아가고 있는지 확인하는 과정에서도 나타난다.

쉽게 볼 수 있는 겉모습

가장 먼저 회사의 겉모습을 봄으로써 회사가 어떻게 돌아가고 있는지 알 수 있다. 높은 사무실 파티션을 보면 부서와 구성원이 독립적으로 일하고자 하는 욕구가 강하다는 사실을 알 수 있을 것이다. 거꾸로 파티션이 낮거나 아예 없는 사무실이라면 좀 더 자유로운 소통을 지향하는 회사라고 짐작하게 된다.

깔끔하게 정리되어 있는 회사와 사무용품 등이 너저분하게 널려 있는 회사, 넓은 공간에 듬성듬성 책상이 놓여 있는 사무실과 좁지만 아기자기하게 꾸며놓은 사무실, 여직원 휴게소나 수유공간이 따로 있는 회사와 여성을 배려하는 공간은 찾아보기 힘든 회사의 모습도 겉으로 드러나 쉽게 볼 수 있으며, 이를 통해 회사의 특성을 알 수 있다. 청결상태를 가장 정확히 알 수 있는 곳은 바로 화장실이다. 어떤 회사에 가보면 화장실이 거의 일류 호텔처럼 깔끔하고 고급스러울 때가 있다. 반대로 화장실이 지저분하고 냄새가 나는 회사도 있다. 물론 화장실이 좋다고 회사까지 무조건 좋은 것은 아니겠지만 겉모습이 회사의 차이를 나타내는 요소 중 하나임은 분명하다.

꼼꼼히 봐야 볼 수 있는 속 모습

그러나 겉으로 보이는 모습이 회사의 전부는 아니다. 겉모습은 회사의 본질을 정확히 보여주는데 한계가 있다. 그럼에도 불구하고 많은 사람들이 눈으로 보이는 것이 전부라고 착각한다. 사람의 외모가 준수하면 좋겠지만 외모는 사람의 특성을 나타내는 여러 가지 요소 가운데 하나일 뿐이다.

외모는 별로 뛰어나지 않지만 훌륭한 성품을 가진 사람도 있고, 외모와 성격 모두 뛰어난 사람도 있다. 회사도 마찬가지다. 겉으로 드러나는 모습도 중요하지만 내면의 모습은 겉모습과 다를 수 있다. 허우대는 멀쩡한데 속이 빈 사람과 반대로 겉으론 허름한데 속은 진국인 회사도 많다.

따라서 CEO처럼 계산하기 위해서는 겉으로 잘 드러나진 않지만 꼼꼼하게 따져봐야 알 수 있는 것까지 살필 수 있어야 한다. 숲과 나무를 동시에 볼 수 있으려면 겉으로 잘 드러나지 않지만 분명히 존재하는 회사의 특성들을 끄집어낼 수 있어야 한다.

출근시각이 9시인데 8시 55분이 되었는데도 출근한 사람이 몇 명 없는 회사도 있다. 반면에 어떤 회사는 출근시각 8시 반이 한참 남은 8시 정도만 되어도 구성원 전원이 출근을 완료한다. 일찍 오는 회사가 무조건 좋고 늦게 오는 회사가 절대적으로 나쁜 것은 아니겠지만 출근 풍경의 차이는 꼼꼼히 따져봐야 할 모습 중 하나다. 웅성웅성 시끌벅적한 분위기에서 전화가 오면 자리에서 일어나 큰 소리로 통화하는 회사도 있다. 거꾸로 바늘 떨어지는 소리조차 들릴 정도로 적막한 회사도 있다. 구성원이 수시로 돌아다니며 활동적인 분위기가 느껴지는 회사도 있고, 헛기침도 하면 안 될 것 같이 엄숙한 분위기의 사무실도 있다. 이와 같은 차이 역시 회사마다 다른 차이의 결과이자 회사가 갖고 있는 특성을 보여주는 요소다.

파헤쳐봐야 보이는 일하는 방식

눈으로 보이는 것이 전부가 아니다. 속내까지 볼 수 있어야 숲과 나무를 함께 볼 수 있고, 한 단계 더 높은 수준의 고민을 할 수 있다. 따라서 꼼꼼히 봐야 볼 수 있는 속 모습, 치밀하고 집요하게 파헤쳐야 볼 수 있는 숨은 부분까지 관찰할 수 있어야 한다. 사물과 현상의 더 깊은 내면과 본질까지 바라보고 대면할 수 있을 때 고민의 넓이는 더욱 확장되고 사고의 깊이 역시 더욱 심오해질 것이다.

미시간대학교의 게리 하멜 교수는 〈월스트리트저널〉의 '세계 경영대가 1위'로 선정되는 등 경영학의 구루라고 할 수 있는 인물이다. 그는《경영의 미래》라는 책에서 '관리혁신'이 그 어떤 혁신보다 중요하며 모든 혁신의 바탕이 된다고 주장했다. 즉, 혁신은 맨 처음 운영 혁신으로 시작하여 제품혁신과 비즈니스모델 혁신, 그리고 업계구조혁신의 단계를 넘어 맨 위에 관리혁신이 위치한다는 것이다.

일하는 방식이 회사의 정체를 말한다

먼저 운영혁신은 조달, 판매, 유통, 서비스 채널 등의 혁신을 말한다. 운영혁신도 의미가 없는 것은 아니지만 경쟁력이 크지는 않으며 경쟁사가 쉽게 모방할 수 있다는 특성을 갖는다. 이어서 제품 혁신은 첨단 기술을 활용한 신제품 개발 등 생산에 의한 혁신을 말한다. 예를 들어 휘어지는 TV나 완전방수 스마트폰처럼 종전에는 없던 형태의 신제품이 여기에 해당된다. 그러나 이와 같은 제품 혁신으로 인해 만들어지는 경쟁력 역시 우위기간이 짧으면 6개월, 길어야 1년 정도밖에 되지 않는다. 다른 경쟁사들이 어느 정도 노력하면 관련 기술을 어렵지 않게 따라올 수 있기 때문이다.

그다음 단계인 비즈니스모델 혁신은 이전과는 전혀 새로운 방법으로 고객만족을 실현하는 혁신이다. 이케아나 페이스북과 같이 종전에는 존재하지 않거나 실현되지 않던 새로운 방법을 성공시켜 만들어내는 혁신이다. 비즈니스모델 혁신이 발전된 형태인 업계구조혁신은 업계 전체의 판도를 뒤집는 혁신이다. 아이팟이나 아이튠즈가 음반 음원 시장의 지각변동을 일으킨 것이 그 사례다.

그런데 이런 혁신의 결과물은 쉽게 볼 수 있는 겉모습이거나 꼼꼼히 따져보면 비교적 어렵지 않게 볼 수 있는 속 모습 정도라고 할 수 있다. 이런 혁신보다 훨씬 더 중요하고 어렵고, 그래서 성공하면 가공할 만한 위력을 발휘하는 혁신이 바로 관리혁신이다. 관리혁신은 회사의 구성원이 하는 일을 바꾸는 것, 일하는 방식을 바꾸는 것이다. 팀을 구성하고 구성원을 지원하고 관리하며 자원을 분배하고 목표를 정해 협력관계를 구축하여 성과를 달성하는 일하는 방식의 혁신이 바로 관리혁신이다. 관리혁신은 모든 혁신의 바탕이자 모든 혁신의 완성이다.

이와 같은 관리혁신을 이루기 위해서는 겉으로 보이는 모습은 물론 어느 정도 따져보면 알 수 있는 내면의 모습을 넘어 우리 회사가 어떤 방식으로 일하는지까지 매우 깊이 통찰할 수 있어야 한다. 치밀하고 집요하게 파헤쳐봐야 숲과 나무를 동시에 조망하여 CEO처럼 계산할 수 있고, 이를 통해 일하는 방식을 혁신할 수 있다.

관찰할 수 있어야 관리할 수 있다

／ '측정해야 관리할 수 있다'는 말은 측정을 통해 도출된 데이터를 기반으로 관리가 이뤄져야 진정한 관리가 될 수 있다는 의미임과 동시에 정확한 정보 없이 이뤄지는 관리의 부작용에 대한 경고다. 관찰할 수 있어야 관리할 수 있다. 만약 리더가 제대로 관찰하지 못하고 관리를 위한 어떤 행동을 취한다면 올바른 방향으로 관리가 되긴 힘들다. 정확하게 관찰해야 그다음에 이뤄질 일들이 원활히 이뤄진다.

숲과 나무를 동시에 봐야 하는 이유, 육안과 심안을 활용해 눈으로 보이는 곳과 마음으로 보이는 곳까지 모두 관찰해야 하는 이유가 바로 여기에 있다. 관찰이 정확해야 그다음 단계의 작업이 정확히 이뤄질 수 있다. 훌륭한 CEO는 회사라는 숲을 전체적으로 조망하는 망원경과 작은 것 하나하나까지 꼼꼼하게 살피는 현미경이라는 2가지 서로 상반된 기능의 눈을 활용해 산업을 조망하고 미래를 예측하며 회사 전체와 부서 하나 하나, 심지어 구성원 한 명 한 명을 관찰한다. 그리고 이를 통해 몇 십 수 앞까지 정확하게 계산해내야 한다.

자신이 몸담고 있는 회사의 구석구석을 관찰해보자. 눈으로 보이는 부분은 물론이고 꼼꼼히 따져봐야 보이는 부분까지 살펴보자. 나아가 집요하게 파헤쳐가며 우리 회사는 과연 어떻게 돌아가고 있는지, 다시 말해 우리 회사의 일하는 방식은 어떠한지 생각해보자.

업무관리에 만족하지 말라

당신을 포함한 우리 회사 구성원은 어떻게 업무를 처리하고 문제를 해결하고 있는가? 팀장과 팀원으로 대표되는 리더와 팔로워의 관계 속에서 리더가 구성원이 하고자 하는 일을 과정에서부터 어떤 방법이 더 좋은 방법인지까지 통제하고 있다면 이는 업무관리를 하는 조직의 전형적인 모습이다.

업무관리라는 방식으로 일하는 회사는 보통 목표를 아예 설정하지 않고 일하거나, 목표를 설정하더라도 평면적으로 세운다. 상사에 의한 통제와 관리가 전체적인 분위기로 조직을 압도하며 구성원은 회사의 중요한 의사결정과정에서 소외된다. 결정을 다 한 다음 이렇게 결정했으니 따르라는 강압이 있을 뿐이다.

'업무관리'가 이뤄지면 일한 결과를 놓고 논공행상을 벌이는 실적 중심의 사고가 조직문화로 자리 잡게 된다. 또한 '열심히 하면 잘 되겠지', '열심히 하면 된 거지. 성과까지 우리가 어떻게 해?'라는 'Will be'의 생각이 조직을 지배한다. 요컨대 업무관리는 상사의 지시와 통제, 부하의 수명受命과 실행으로 일하는 방식이다.

　물론 이와 같은 업무 관리에도 효과는 있다. 체계적으로 업무를 관리하는 것 자체가 비난 받을 이유는 없다. 그러나 지시하고 닦달하는 상사와 식겁해하며 지시 받는 부하 간의 관계 속에서 모든 일들이 이뤄진다면 그 조직엔 분명 문제가 있다. 이렇게 되면 업무관리는 대부분 나쁜 의미의 월급쟁이가 일하는 방식, 주인이 아닌 손님으로서 일하는 방식으로 변질되기 때문이다.

성과관리로 발전하라

성과관리는 하나하나의 업무를 관리하는 것이 아니라 리더가 구성원의 목표와 전략을 통제함으로써 구성원이 스스로 일하는 자율책임경영을 추구한다. 업무관리와 구분되는 성과관리를 정확하게 이해하기 위해 먼저 성과의 개념 살펴보자.

　성과라는 용어는 회사에서 매우 자주 쓰는 말이지만 그 의미를 정확히 이해하는 사람은 그리 많지 않다. 성과관리전문가 류랑도 박사는 《일을 했으면 성과를 내라》는 책에서 성과成果란 일을 통해 '목적하고자 하는 바를 이룬 상태'로 정의한다. 성과를 나타내는 영어 단어인 'performance'는 per(기준, 當) + form(완성된 형태)으로 나눌 수 있는데 이는 완성된 형태의 기준을 의미한다. 반면에 업무관리와 같은 맥락에 위치하는 실적實績은 '수행한 업무의 양을 산술적으로 나타낸 것'으로 해야 할 일을 수행한 결과치를 뜻한다. 따라서 실적은 사전의 어떤 기준적인 요소를 가지고 있지 않다는 점에서 성과와 뚜렷하게 구분된다. 요컨대 성과는 목적 대비 결과이고 실적은 업무수행의 단순한 결과물이다. 그리고 업무관리는 실적을, 성과관리는 성과를 중심으로 하는 일하는 방식이다.

성과관리 과정에서 목표는 입체적인 모습으로 생생하고 뚜렷하게 표현되며, 리더와 구성원은 '열심히 하면 되겠지' 하는 생각이 아니라 '이렇게 저렇게 해서 이런 결과를 만들어내겠다' 하는 의지를 발휘하여 일한다. 따라서 목표를 설정하는 과정에서는 구성원의 합의가, 전략을 수립하는 과정에서는 구성원의 적극적인 참여가 이뤄질 가능성이 높다. 그리고 업무를 수행하는 과정에서 리더의 핵심 역할은 성과창출을 위한 코칭이며 이에 따라 자연스럽게 과감한 권한위임이 가능해진다. 그래서 성과관리는 월급쟁이가 아니라 올바른 CEO가 일하는 방식이라고 할 수 있다. CEO처럼 계산하기 위해서는 자신은 물론 회사 전체가 업무관리를 벗어나 성과관리의 방식으로 일하도록 노력해야 한다.

성과관리를 넘어 성과경영까지 성공하라

나아가 성과를 관리를 넘어 경영의 대상으로 발전시킬 때 개인과 회사의 일하는 방식은 더욱 크게 도약할 수 있다. 성과관리에서는 성과를 주로 투입^{input} 관점에서 통제하고 '관리' 해야 하는 대상으로 보는 반면 성과경영은 산출^{output}에 중점에 두고 '경영' 이라는 관점으로 접근한다. 예컨대 아파트에는 경영사무소가 아니라 관리사무소가 있다. 관리사무소는 아파트를 경영하지 않고 관리한다. 어떻게 하면 관내의 시설을 잘 관리하여 유지보수비용을 절감할 수 있는지, 외부 사람들의 출입을 적절히 통제하여 사고 발생률을 줄일 수 있는지 같은 인풋을 통제하고 줄이려는 것이 '관리' 다.

하지만 '경영' 의 관점에서는 인풋이 아닌 아웃풋에 더 큰 관심을 갖는다. 그래서 많은 사람들이 공무원에게도 '관리 마인드' 가 아닌 '경영 마인드' 로 일할 것을 요구한다. 궁극적으로 고객이 원하는 바를 머릿속에 떠올리면서 관리가 아닌 경영을 시도한다면 성과는 확연히 달라질 것이다. '관리' 가 아닌 '경영' 으로 접근할 때 만들 수 있는 성과의 질과 양은 분명 좋아지고 커진다. 따라서 자신과 회사의 일하는 방식을 '성과관리' 를 뛰어넘어 '성과경영' 으로 혁신해야 한다.

회사를 자율책임경영으로 움직여라

／ 궁극적으로 가장 바람직한 회사는 구성원 각자가 자신의 임무와 역할, 나아가 창출하고자 하는 성과에 대한 책임을 가진 CEO로서 일하는 회사다. 이것은 자율책임경영을 하는 CEO들이 모여서 일하는 것과 같다.

우격다짐으로 움직이는 회사

그러나 현실적으로 적지 않은 회사들이 자율책임경영과는 요원한 통제와 지시, 심지어 협박과 회유 등의 우격다짐으로 움직인다. 목표를 설정하는 권리는 최고의사결정권자만의 것이고, 나머지 구성원은 한 사람이 정한 목표를 자신이 아닌 남의 것이라 생각한다.

앞에서 하지 못하는 이야기를 뒤에서 하는 일이 비일비재하게 일어나 상하 간은 물론 비슷한 직급의 구성원끼리도 소통이 되지 않는다. 그러면서도 아슬아슬하게 위기를 넘기고 삐걱대고 흔들리면서 회사가 겨우 겨우 돌아가긴 한다. 그런 모습을 보면서 구성원은 '그래도 회사가 용케 돌아가네' 하며 신기해한다.

이처럼 억지 춘향처럼 돌아가는 회사가 꽤 많은 것이 사실이다. 이런 회사의 의사결정권자는 별 문제가 아니라고 생각하지만 나머지 사람들은 모두 회사를 문제투성이라고 인식한다.

수동으로 움직이는 회사

또 다른 회사는 우격다짐까진 아니지만 쉴 새 없이 페달을 굴려야 하는 자전거처럼 수동으로 움직인다. 상사의 호통이 없이는 움직이지 않고, 심각한 문제가 일어나지 않고는 개선의 노력이 이뤄지지 않으며, 금전적 보상이 없이는 구성원의 자발적 몰입이 이뤄지지 않는 회사가 바로 수동으로 움직이는 회사다.

물론 때론 호통도 질책도 필요하다. 금전적 보상은 하나도 없이 정신적 보상만 강조하는 것은 립 서비스일 뿐이다. 그러나 받는 만큼만 일하는 직원들, 자기 없이는 회사가 돌아가지 않는다고 푸념하는 리더가 빼곡한 회사는 늘 피곤하며 분위기가 처질 수밖에 없다. 피곤한 회사에서 의욕을 잃은 구성원은 매너리즘에 허우적대기 일쑤이다.

자동으로 움직이는 회사

가장 바람직한 회사는 자동으로 움직이는 회사다. 업무관리와 성과관리를 넘어 성과경영을 위해 노력하는 구성원 모두가 자신의 임무와 책임에 대해 CEO처럼 치밀하게 계산하고, CEO처럼 자발적으로 몰입하는 회사가 바로 자동으로 움직이는 회사다.

몰입의 힘은 강력하고 몰입을 통해 얻을 수 있는 성과는 위대하다. 그래서 많은 기업이 어떻게 하면 구성원을 업무에 몰입하게 하여 강력한 힘을 발휘하게 하고 나아가 성과를 만들 수 있을까 고민하고 있다. 자신의 일에 완전히 몰입하는 사람은 자신에게 일어날 수 있는 불편과 위험을 기꺼이 무릅쓴다. 몰입하는 구성원이 모인 회사는 누가 시키지 않아도 움직이고, 때론 금전적 보상이 부족해도 지치지 않는다.

그렇다면 사람들은 언제 몰입하게 되는가? 자신의 업무와 성과에 몰입하는 힘은 어디에서 나오는 것일까? 즉 어떻게 해야 자동으로 움직이는 회사를 만들 수 있을까?

첫째, 자신이 하는 일에 대한 가치를 깨닫고 느끼게 해야 한다. 자신이 하고 있는 일이 어떤 의미가 있는지, 일을 통해 얻게 되는 성과에 담긴 진정한 가치를 느낄 때 몰입할 수 있다. 자신이 하는 일의 소중함을 느낄 때 사람들은 소중한 일을 하는 자신을 소중하게 생각하게 되고, 자신이 하는 일의 가치를 높이기 위해 헌신하게 된다. 구성원 모두가 CEO처럼 일하는 모습이 바로 이런 것이다.

둘째, 자율성이 있어야 한다. 자기 마음대로 할 수 있는 것이 아무것도 없는 상태에서 몸 바쳐 일할 수 있는 사람은 없다. 업무 관리가 갖는 부작용도 바로 여기에서 나온다. 내 맘대로 할 수 있는 게 없다면 몰입과 헌신이 아니라 방관을 할 수밖에 없을 것이다. 자신의 생각에 따라 조절하고 통제할 수 있을 때 사람들은 몰입과 헌신을 하게 된다. 거꾸로 자율성을 느끼지 못하면 흔히 회사에서는 체념의 현상이 나타난다. 구성원이 '열심히 해봤자 바뀌는 것은 별로 없을 거야, 내가 할 수 있는 게 거의 없는데 열심히 해서 뭐해' 하고 체념하게 되면 몰입과 헌신은 불가능하다.

셋째, 구성원이 일을 통해 성취감을 느끼고 발전할 수 있도록 도와야 한다. 자신의 노력을 통해 성과를 만들어낼 때 느끼는 보람은 회사를 자동으로 돌아가게 하는 고성능 엔진이다.

이와 같은 3가지 요건이 조화롭게 실현될 때 자동으로 움직이는 회사, 즉 자율책임경영이 이뤄지는 회사가 될 수 있다.

숍인숍 컴퍼니의 CEO로 일하라

심리학자 미하이 칙센트미하이는 몰입을 '쉽지는 않지만 그렇다고 아주 버겁지도 않은 과제를 극복하는데 한 사람이 자신의 실력을 온통 쏟아부을 때 나타나는 현상'으로 정의한다. 한편 서울대학교 황농문 교수는 그의 저서 《몰입》에서 열심히 생각하는 것 Think Hard이 가장 좋은 몰입의 방법이라고 이야기한다. 열심히 일하는 것Work Hard이 아니라 열심히 생각하는 것이 몰입에 이르는 방법이라는 것이다.

회사의 구성원이 몰입에 완전히 성공하는 모습은 자신의 모든 역량을 성과를 위해 헌신하는 자율책임경영으로 완성된다. 상사의 지시와 간섭에 의해 움직이는 것이 아니라 목표를 달성하기 위한 전략과 방법을 구성원이 창의적으로 제안하고, 실행을 통해 나타난 결과에 대해서는 떳떳하게 책임지는 것이 바로 자율책임경영이다. 구성원 한 사람 한 사람이 숍인숍처럼 회사 안의 회사 CEO로서 자율책임경영에 성공하는 것이야말로 회사를 자동으로 움직이게 하는 에너지다.

Question 7/
우리는 어떤 문제들을 앓고 있는가?

사람은 누구나 문제를 만나고 문제를 해결하면서 살아간다. 고장이 잦은 휴대전화를 또 수리해야 할까, 아니면 이번 기회에 바꿀까 하는 선택의 문제를 만나기도 하고, 도무지 서로 맞는 구석을 찾을 수 없는 팀장과 어떻게 지내야 할까 하는 문제, 회사를 그만두고 사업을 시작하고 싶은데 그럴 용기도 밑천도 없기에 겪는 고민 등 수많은 문제를 만나고 또 해결하는 것이 사람의 인생이다.

눈에 밟히는 문제, 눈에 거슬리는 문제

'모든 삶은 근본적으로 문제해결이다.' 철학자 칼 포퍼의 이와 같은 일갈은 개인에게만 국한되는 내용이 아니다. 회사 역시 문제를 만나고 문제를 해결하면서 명멸한다. 개인과 마찬가지로 회사생활도 문제해결의 연속이다. 회사를 구성하는 단위부서, 단위부서를 구성하는 개인들 역시 자신이 처한 상황과 형편에 따른 문제를 해결하며 살아간다.

그런데 어떤 사람은 크든 작든 문제를 만나기만 하면 지레 겁부터 먹는다. 또 어떤 사람은 문제에 직면하면 우선 빠져나갈 구멍부터 찾는다. 어떤 사람은 마주친 문제에 대해 화를 내거나 체념하기도 한다. 이처럼 문제를 만났을 때 사람들의 보이는 반응은 천차만별이다.

자신을 둘러싼 문제를 생각해보자. 우선 머리가 아플 것이다. 문제 자체를 좋아하는 사람은 아무도 없다. 그러나 그 문제로 골머리를 앓는 자신을 도울 사람은 별로 없다. 돕는 사람이 있더라도 결국 그 문제를 처리해야 할 사람은 자기 자신뿐이다. 따라서 중요한 것은 문제를 대하는 자세다. 당신은 문제를 눈에 거슬리는 문제아로 생각하는지, 아니면 얄밉지만 귀엽기도 한 악동으로 보는지 생각해보자.

힘들어도 문제를 해결해가는 것이 인생이듯 업무를 수행하는 과정에서 만나는 문제도 필연적인 것이다. 따라서 문제는 결국 해결해야만 하는 대상이며 문제를 해결하는 과정에서 얻을 수 있는 지혜와 용기, 그리고 문제를 해결한 후에 느낄 수 있는 보람과 기쁨을 생각하며 문제를 풀어가야 한다. CEO처럼 계산하기 위해서는 문제를 고민거리가 아닌 해결의 대상으로 볼 수 있어야 한다. 문제는 미워해도 예뻐해도 자주 출몰하기에, 가라고 해도 가지 않고 주변을 서성대는 녀석이기에 회피가 아닌 해결의 대상인 것이다.

그렇다면 우리 회사는 어떤 문제를 가지고 있을까? 아마 다양한 문제들이 벌써부터 당신의 뇌리를 스치고 있을 것이다. 상사의 이기심, 불편한 조직문화, 몇 년째 고쳐지지 않고 있는 팀 간의 불화, 전반적인 경기침체와 업계의 불황…. 좀 더 고민해보자. 이런 문제를 당신은 어떻게 생각하고 있는가? 애써 무시하고 경멸하지만 천덕꾸러기처럼 계속해서 주위를 맴돌고 있지는 않은가? 혹은 힘겹지만 문제를 챙겨주고 보살펴주고 또 따끔하게 훈계하면서 문제를 풀어가고 있는가? CEO처럼 계산하기 위해서는 먼저 문제에 대한 올바른 인식이 필요하다. 나아가 회사의 여러 가지 문제를 나만의 문제와 나와 상관없는 문제로 이분하는 것이 아니라 우리의 문제로 인식하는 자세가 필요하다.

문제를 제대로 알지 못하는 것이 문제다

／ 문제에 대한 바람직한 자세를 위해서는 먼저 문제가 무엇인지 정확히 이해해야 한다.

문제는 '개인이나 조직이 원하는 이상적인 모습과 현재의 현실적인 모습 사이의 차이' 다. 건강한 의식을 갖고 있는 모든 사람들에게 현재의 상태는 자신이 바라는 상태와 동일하지 않다. 올바른 생각이 공유되고 있는 회사 역시 현상과 이상의 괴리가 불가피하게 발생한다. 따라서 현재의 상태와 바라는 상태의 불일치가 발생할 수밖에 없으므로 문제는 언제 어디서든 만나게 되는 것이다.

목표 달성의 과정에서 발생하는 문제를 해결하기 위해서는 우선 문제를 정확히 인지해야 한다. 그래야 올바른 문제의식을 기반으로 문제를 정확히 찾아내고 문제가 일어나는 원인을 입체적으로 분석할 수 있고, 비로소 문제를 해결할 수 있기 때문이다.

문제의식이 문제다

이처럼 문제는 불가피하며 문제가 없는 게 더 큰 문제라는 인식이 필요하다. 문제의식이 바로 이것이다. 문제의식은 지금 상황에서 무엇이 문제일까 하는 질문을 스스로에게 던짐으로써 자신이 문제에 대해 어떻게 반응하고 있는지에 대한 진솔한 자기고백이다. 모든 문제는 해결해놓고 보면 아무것도 아닐 때가 많이 있다. 해결되기 전에는 끙끙 앓게 만들던 존재였지만, 해결되고 나면 내가 이런 작은 문제 때문에 왜 그렇게 힘들어했을까 하는 생각이 들기도 한다. 이는 문제를 침소봉대해서 작은 문제가 더 큰 문제를 만드는 경우다.

그러나 어떤 경우에는 문제가 심각한데도 문제인 줄 모르기도 한다. 작은 병을 큰 병으로 키우는 빌미를 주거나 호미로 막을 걸 가래로도 막지 못할 문제로 키우는 경우도 있다. 요컨대 문제 자체가 문제가 아니라 바람직하지 못한 문제의식을 갖고 있다는 것이 더 큰 문제다. 중요한 것은 올바른 문제의식을 통해 문제의 규모와 정도를 정확히 알아채는 것이다.

바람직한 문제의식을 갖기 위해서는 2가지 자세가 균형을 이뤄야 한다. 첫째는 모든 것이 문제이고 문제를 찾지 못하는 것이 더 큰 문제라는, 문제에 대한 긍정적 자세다. 둘째는 해결해야 할 대상이 되는 그 문제는 힘겹지만 반드시 해결할 수 있다고 믿는 적극적 자세다. 문제를 찾기만 하는 문제의식은 패배감에 빠져 비판과 비난, 조소와 냉소로 끝나버릴 가능성이 크다. 거꾸로 모든 것을 긍정하기만 하며 문제를 찾지 못하면서도 잘될 거라 낙관하는 자세는 안일한 자기위안일 뿐이다.

따라서 모든 것이 문제이지만 모든 문제는 풀 수 있다는 균형

잡힌 문제의식을 가져야 한다. 이를 바탕으로 눈에 거슬리는 문제가 아니라 눈에 밟히는 문제, 해결했을 때 이루 말할 수 없는 보람과 감동으로 다가올 문제의 해결을 위해 노력해야 한다.

문제해결의 핵심, 원인분석

모든 문제의 해결은 원인을 찾는 일이 절반이다. 회사에서 겪는 수많은 문제 역시 왜 생기는지 원인을 정확히 분석해야 해결할 수 있다.

그렇다면 원인을 분석하기 위해선 어떻게 해야 하는가? 원인분석은 문제 정의부터 시작된다. 문제의 정의는 문제해결의 첫걸음이다. 문제를 정의한다는 것은 '무언가 잘못되었다'는 문제의 인식에 '이것이 잘못되었다'는 문제의 기술을 더하는 개념이다. 현실과 이상을 비교함으로써 현실과 이상의 차이, 즉 문제가 무엇인지를 정확히 짚어내야 한다. 이를 이해서는 사실의 급소를 공략할 수 있는 핵심적인 질문이 필요하다.

뉴턴이 떨어지는 사과를 보며 만유인력의 법칙을 발견한 것은 너무나 잘 알려진 이야기다. 그러나 그가 만유인력을 발견한 건 단순히 사과가 떨어지는 데 의문을 가졌기 때문만은 아니다. 뉴턴은 '왜 사과가 하늘로 올라가지 않고 땅으로 떨어질까?' '왜 달은 지구로, 지구는 태양으로 떨어지지 않을까?' 하는 핵심적인 질문을 스스로에게 던지고 그에 대한 해답을 찾으며 인력과 중력 같은 수많은 과학 이론을 검증했다.

20년 동안 원인을 분석한 뉴턴

17세기 중반 유럽 대륙을 강타한 흑사병은 도버 해협을 건너 영국까지 상륙했다. 당시 20대 초반이던 뉴턴은 전염병을 피해 고향으로 돌아와 사색과 실험과 천체 연구로 2년이라는 시간을 보냈다. '달의 운동'에 대해 계속 자신에게 질문을 던지던 뉴턴은 '돌을 실에 매달아 돌리면 돌은 실 때문에 일정한 궤도를 따라 움직일 수밖에 없다. 하지만 달과 지구 사이에는 아무런 실이 없는데도 왜 달은 계속 지구 주위를 돌고 있는 걸까?' 하고 고민했다.

뉴턴이 이런 고민을 하던 곳이 바로 사과나무가 있는 정원이었다. 그때 그의 옆으로 사과 한 개가 떨어졌고 그 모습을 본 뉴턴은 다시 자신에게 질문을 던졌다.

'왜 지금 떨어진 사과는 하늘로 올라가지 않거나 옆으로 움직이지 않고 땅으로 떨어졌을까? 그리고 왜 언제나 똑같이 땅으로 떨어지는 걸까?'

이 질문을 시작으로 뉴턴은 나중에 '인력'으로 밝혀낸 힘에 대해 관심을 갖게 된다. 지구에 존재하는 어떤 힘이 있으므로 사과를 포함한 모든 물건이 땅으로 떨어지는 것이라고 생각한 것이다. 뉴턴의 질문은 이것으로 끝이 아니었다. 지구에 사과를 끌어당기는 힘이 있다면 달 역시 지구가 가지고 있는 힘 때문에 끌어당겨지는 것은 아닐까? 이 힘이 서로 잇고 있는 실이 없이도 달이 일정한 궤도를 따라 지구 주위를 돌게 만드는 원인이 아닐까?

끊임없는 질문은 무려 20년 동안 지속되었다. 질문에 대한 해답을 확인하기도 힘들 뿐만 아니라, 애써 얻은 해답은 또 다른 질문을 계속해서 만들었기 때문이다. 사실의 급소를 파악할 수 있는 핵심적인 질문을 끊임없이 던짐으로써 무엇이 문제이며 원인인지 분석하는데 성공한 것이다.

원인 분석은 문제를 해결하는 핵심이다. 원인을 알아야 해결할 수 있다. 다시 말해 문제가 왜 일어나는지를 아는 것은 문제를 해결하기 위해 반드시 필요하다. 그런데 사실 회사에서 만나게 되는 문제는 보통 수많은 요소가 복합적으로 작용하면서 발생한다. 그러므로 문제를 평면적으로 바라보고 원인을 도출할 것이 아니라, 입체적이고 다각적으로 원인을 찾아야 한다.

예를 들면 '배 아프다' 라는 문제에 대한 원인을 단순히 '스트레스를 받아서' 로 정의한다면 '스트레스를 받지 않거나 잘 풀어라' 는 해법밖에 도출할 수 없다. 밥을 안 먹어서 배가 아픈지 술을 많이 먹어서 배가 아픈지, 아니면 심리적인 이유로 배가 아픈지 수많은 질문을 반복하여 던짐으로써 근본적이고 철저하게 원인을 분석해야 한다. 또한 이때는 객관적이고 논리적인 근거를 가지고 원인을 분석해야 한다. 과거의 경험만 따르거나 자신의 편견에 의존하는 원인분석은 잘못된 해법을 만들어내고 그에 따라 더 큰 문제를 야기할 뿐이다.

문제해결의 실마리, 찾아 풀어내라

／ 무명 가수가 최고의 스타가 된 이야기 속에는 흔히 드라마 한 편과 같은 재미와 감동이 들어 있다. 한 사람이 인기가수로 발전하는 과정에서 핵심적인 성공요인은 무엇인지, 그 과정에서 만났던 장애요인을 어떻게 극복했는지 파헤치면 문제해결의 비법을 찾게 된다.

스포츠나 연예, 학문이나 예술 등 어떤 분야에서든 성공을 거두는 사람들은 모두 수많은 역경을 이겨낸 경험들을 갖고 있다. 그래서 모두들 자신만의 스토리가 있다.

핵심성공요인과 예상장애요인
CEO 역시 어려움과 난관을 이겨내며 경영활동을 수행하고 있다. 그러나 그런 거창한 스토리가 아니더라도 CEO처럼 일하는 모든 사람들은 어려움을 극복하고 문제를 해결해가며 자신의 꿈을 이뤄가고 있다.

문제해결은 문제를 정확하게 정의한 후 원인을 분석하여 문제해결의 실마리를 찾아야 한다. 여기서 원인은 크게 문제해결에 도움이 되는 긍정적 요소와 방해가 되는 부정적 요소로 구분할 수 있다. 문제해결을 위해서는 플러스 요소는 반드시 확보해야 하고 마이너스 요소는 꼭 제거해야 한다. 이 2가지 요소를 핵심성공요인과 예상장애요인이라는 용어로 표현할 수 있다. 문제해결을 위해서는 이러한 핵심성공요인이나 예상장애요인의 분석을 통해 문제해결과 직결되는 요인들을 찾아내는 일이 매우 중요하다.

문제해결의 실마리, 전략과제

CEO의 계산은 결코 밑지는 장사가 되어서는 안 된다. 실보다 득이 커야 한다. 이 말은 산술적인 계산을 의미하는 것이 아니라 문제를 해결하는 과정에서 치밀한 계산을 통해 문제해결에 도움이 되는 요소에 힘을 집중해야 한다는 의미다. 반드시 확보해야 할 핵심성공요인과 기필코 제거해야 할 예상장애요인을 정확히 계산하여 이를 확보하고 제거하는데 힘을 모아야 문제를 효율적으로 해결할 수 있기 때문이다.

핵심성공요인과 예상장애요인을 정확히 분석하여 문제를 해결하는데 가장 중요한 변수를 설정하는 것이 중요한데 이를 전략 과제라고 부른다. 전략과제에 대한 이해와 공유가 이루어져야 한 정된 자원으로 무엇을 해야 할지 결정할 수 있고, 이를 통해 최소 의 노력으로 최대의 성과를 올릴 수 있다.

전략과제를 찾아내는 과정에서는 문제해결에 가장 중요한 영 향을 미치는 긍정적 요인만 고려해서는 안 된다. 문제해결에 장 애가 되는 부정적 요인까지 생각하면서 실수를 최대한 줄이기 위 해 힘을 집중해야 할 과제가 무엇인지 생각해야 한다. 이것이 치 밀한 계산의 핵심이다. 잘 될 이유만 보는 것도 안 된다. 실패할 원인만 주목하는 것도 바람직하지 않다. 2가지 모두를 고려해 전 략과제를 찾아낸 후 여기에 에너지를 집중해야 한다. 핵심성공요 인과 함께 예상장애요인의 맥을 올바로 짚어야 빠르고 편하게 목 적지에 도달할 수 있다.

조직의 힘을 전략과제에 집중하라

격투기 선수가 경기에 임할 때 상대의 약점이 복부라면 복부 공략 에 에너지를 모아야 한다. 턱이 약하다면 턱을 가격하기 위해, 안면 이 약하다면 카운터펀치를 안면에 꽂기 위해 힘을 모아야 한다. 이 와 같은 곳이 아니라 다른 곳을 공격하면 상대 선수에게 주는 타격 의 강도가 약할 뿐만 아니라 원하는 만큼의 포인트를 올릴 수 없다.

거꾸로 순발력은 뛰어난데 뒷심이 부족하다면 지구력을 높일 수 있는 훈련을 해야 하고 실제 경기에서도 맷집을 지킬 수 있는 방법을 찾아야 한다. 이것이 전략과제다. 이처럼 전략과제는 회사나 단위부서, 또는 구성원 개인이 해결해야 할 문제에 가장 결정적으로 영향을 미치는 요인을 바탕으로 정해야 한다.

나아가 전략과제는 도출을 잘하는 것만큼 공유도 잘해야 한다. 전략과제를 정확히 이해하고 이를 충분히 공유한 구성원이 늘어나면 늘어날수록 전략과제 달성을 통해 문제를 해결할 가능성이 높아지기 때문이다.

회사의 브레인 몇 사람이나 팀의 에이스 한두 명만이 전략과제를 이해하고 있을 뿐, 다른 사람들은 일이 어떻게 돌아가고 있는지 무엇이 문제해결의 열쇠인지 정확히 모른다면 그 회사나 팀의 문제해결 가능성은 그만큼 낮아진다. 문제해결을 위해서는 문제해결을 위해 가장 중요한 전략과제를 구성원 모두의 숙원사업으로 받아들일 수 있도록 해야 한다.

최적의 프로세스로 문제를 해결하라

／ 20평 정도밖에 되지 않는 좁은 공간에 놓인 운동기구는 고작

10개 남짓. 샤워장도, 물품보관함도 없는 피트니스 센터에 다니고 싶은 사람이 있을까? 전 세계 1만 개 이상의 점포가 운영되고 있는 프랜차이즈 브랜드 커브스curves는 문제해결의 실마리인 전략과제에 집중하여 성공적인 사업을 지속하고 있다.

커브스를 창업한 게리 헤이븐Gary Heaven은 13살 때 어머니를 여의었다. 비만으로 세상을 떠난 어머니는 그에게 큰 충격을 안겼다. 그때부터 헤이븐은 비만으로부터 여성을 구할 수 있는 방법을 고민하기 시작했고 이에 따라 피트니스 사업을 시작했다. 처음에는 보통의 피트니스 센터처럼 수영장, 스파, 에어로빅을 모두 이용할 수 있는 여성 전용 피트니스 센터를 만들었다. 화려하게 시작했지만 회원은 늘지 않았고 궁여지책으로 남자 회원도 받게 되자 이름만 여성 전용일 뿐 실제로는 남녀공용이 되었다.

커브스의 성공 비밀

아무런 차별점이 없는 피트니스 센터의 결과는 참담한 실패였다. 새로운 고객을 확보해야 한다는 문제를 해결하는데 실패한 것이다. 헤이븐은 이 실패를 계기로 여성에 대해 깊이 연구하기 시작했다. 이를 통해 그는 여성들이 피트니스 센터를 찾는 가장 큰 목적은 결국 살을 빼기 위해서라는 점을 깨달았다. 또한 의욕을 갖고 운동을 시작하지만 곧 그만두며, 남성과 같은 공간에서

운동하는 것과 비싼 가격을 매우 부담스러워한다는 사실도 파악했다.

그는 여성이 진짜 원하는 것을 채워줄 새로운 개념의 여성전용 피트니스센터 '커브스'를 열었다. 커브스는 '편하고 재미있는 운동'이라는 개념으로 여성들에게 접근했다. 여성이 운동할 때 필요 없는 요인은 없애고, 꼭 필요한 요소만 채우기 위해 노력했다. 여성들이 쓰지 않는 운동기구를 과감히 없앴고, 철저하게 여성회원 전용제로 운영했다. 이를 통해 여성이 남성의 시선을 전혀 의식하지 않고도 운동을 할 수 있게 해준 것이다.

또한 30분 순환운동제도를 도입하여 10여 개의 운동기구를 30분씩 사용하게 함으로써 지루함을 느끼지 않고 운동을 즐길 수 있게 했다. 여기에 운동기구를 동그랗게 비치하여 여성들이 서로 마주보며 운동을 할 수 있도록 하여 유대감과 운동에 몰입할 수 있게 도왔다.

이처럼 여성의 아름다운 S라인 몸매를 뜻하는 커브스는 기존의 피트니스 센터와는 달랐다. 커브스에서 운동하는 여성들은 뛰면 흘러내리는 옷매무새에 신경 쓸 이유가 없었다. 땀에 흠뻑 젖은 자신의 모습을 걱정할 필요도 없었다. 힘든 운동을 혼자서 재미없게 하는 심심함 역시 커브스와는 거리가 먼 얘기였다.

전략과제의 완수를 위해

커브스는 운동을 원하는 여성들의 성공을 돕는 핵심성공요인과 예상장애요인을 정확히 파악해 이를 바탕으로 전략과제를 도출했다. 그리고 전략과제 수행을 위해 힘을 집중하였다. 여성이 진정 원하는 것이 무엇인지 깨달아 이를 충족시켜줌으로써 세계 최대의 피트니스센터로 발전할 수 있었던 것이다. 이처럼 고객이 진짜 원하는 것을 충족시켜주는 것이야말로 전략과제의 완수이자 성공의 보증수표다.

문제 없는 회사 없고, 문제뿐인 회사 없다

'있어야 할 건 다 있고요, 없을 건 없답니다, 화개장터'. 흥겨운 멜로디와 의미 있는 가사로 인기를 모았던 어느 가요의 한 소절이다. 이 장터에 가면 있어야 할 상품은 다 있고, 없어도 좋은 상품은 없다는 의미일 것이다. 많은 사람들은 '문제'를 없어야 할 것으로 인식한다. 그러나 단언컨대 문제 없는 인생은 없다. 인생자체가 문제를 해결하는 과정이기 때문이다. 나아가 문제 없는 회사도 없다. 문제를 해결하는 과정이 경영이고 회사의 활동이기 때문이다.

　그런데 많은 직장인들은 우리 회사는 이래서 문제야, 우리 팀은 이게 문제야, 저 사람은 저 문제가 고질병이야, 저 친구는 관절염처럼 지긋지긋한 문제를 안고 지내네… 하면서 문제를 가지고 있다는 것 자체를 문제 삼는다. 그러나 분명한 것은 문제가 하나도 없는 회사가 없는 것처럼 절대로 풀 수 없는 문제를 가지고 있는 회사도 없다는 사실이다. 모든 회사에 문제가 있지만 모든 회사는 그 문제를 해결할 수 있다. 그런 점에서 회사 자체가 문제인 회사는 아무 곳도 없다. 단지 자신이 직면하고 있는 문제를 어떻게 받아들이고, 또 어떻게 해결하는지가 문제인 것이다.

내 인생의 CEO가 되기 위해서는 올바른 문제의식을 바탕으로 문제해결의 실마리가 되는 전략과제를 정확히 찾아내어 그것의 해결을 위해 힘을 집중해야 한다. 이와 같은 일의 바탕에는 문제 없는 회사 없고 문제만 있는 회사가 없다는 생각, 나아가 모든 문제는 살아 있음의 증거이자 살아 있는 사람과 회사라면 반드시 풀어낼 수 있는 것이라는 사실을 명심해야 한다. 사람 낳고 문제 났지, 문제 먼저 낳은 후 사람이 나온 것이 아니기 때문이다.

우리는 목표를 제대로
달성하고 있는가?

회사생활이라는 싸움, 경영활동이라는 전투에서 승리하기 위해
서는 왜 이겨야 하는지, 왜 성공해야 하는지에 관한 자신의 목적
을 명확히 인식하고, 이를 바탕으로 구체적인 목표를 설정하는
일이 무엇보다 우선되어야 한다.

목표에 꽂힌다는 것

／ 방법을 알아도 목적을 알지 못하면 성공할 수 없다. 이처럼

목표를 세워야 성공할 확률이 높으며 무슨 일이든 목표를 세우는 것이 중요하다는 점에 대해서는 이견이 거의 없다.

그러나 어떤 일을 시작할 때 많은 직장인들은 목표가 아닌 계획을 먼저 세운다. 회사에서 벌어지는 일상적인 모습을 생각해보자. 주간업무계획, 월간사업계획, 중장기사업계획과 연간사업계획 등. 여기에 계획이 제대로 이뤄졌는지 확인하는 월간, 주간, 일일업무보고와 각종 업무 기안까지… 어떻게 생각하면 계획 수립이 회사생활에서 가장 중요한 활동처럼 여겨지기도 한다. 물론 이런 계획들에는 목표로 분류할 수 있는 내용이 들어 있겠지만 그 비중은 크지 않다.

그러나 목표를 세우는 일이 계획을 짜는 일보다 더 중요하다. '계획 따로 실행 따로' 라는 말이 나오지 않으려면, 계획이 물거품처럼 허무해지는 광경을 보지 않으려면 목표를 먼저, 그것도 잘 세워야 한다. 일을 통해 달성하고자 하는 분명한 목표 없이 수립하는 계획은 아무리 구체적이고 정교하다고 할지라도 모래 위에 지은 집처럼 언제 무너질지 모른다. 계획을 제대로 실행하여 성과를 창출하기 위해서는 목표를 제대로 세우는 일이 반드시 필요하다. 그래서 훌륭한 CEO들의 계산은 항상 목표를 세우는 일로 시작된다. 그래야 목표에 꽂힐 수 있고, 목표에 꽂혀야 목표를 이룰 수 있기 때문이다.

목표를 올바로 세워라

／ 목표를 잘 세우기 위해서는 먼저 비슷하지만 구분되는 목적과 목표의 의미를 명확히 이해해야 한다. 일반적인 생활 가운데에서는 혼용을 하더라도 아무런 문제가 없겠지만, 성공적인 직장생활을 위해 CEO처럼 일하기 위해서는 두 개념의 차이를 정확히 인식해야 한다.

목적Goal은 궁극적으로 달성하고자 하는 지향점이다. 반면에 목표Objective는 목적을 이루기 위해 구체적으로 해야 하는 바를 말한다. 따라서 상위 개념인 목적에 하위 개념인 목표가 포함된다고 볼 수 있다. 이에 따라 목표는 목적의 수단이 되기도 한다. 목표를 통해 목적을 이룰 수 있다. 만약 '나는 회사를 더 튼튼하게 할 것이다'라는 목적이 있다면, '서비스의 품질을 개선해서 회사를 튼튼하게 만든다' 또는 '매출을 대폭 늘려 회사를 튼튼하게 한다'와 같은 목표를 세울 수 있을 것이다.

목적과 목표

요컨대 최종적으로 도달해야 할 곳인 목적을 이미지와 숫자를 통해 구체적으로 정한 것이 목표라고 할 수 있다. 따라서 목표에 비해 목적은 추상적이며, 목적에 비해 목표는 구체적이다. 목적은 관념적이고, 목표는 실체적이다. 따라서 목적은 달성의 정도와 여부를 계산하기 어렵지만 목표는 달성도를 계산하는 일이 비교적 쉽다.

추상적이고 희미한 목적을 구체적이고 뚜렷한 목표로 전환하는 일은 일을 추진하는 과정에서 목적을 향해 올바른 방향으로 나아가는 나침반이 되며, 진척 정도를 파악할 수 있게 함으로써 동기 부여의 효과까지 있다. 목적을 분명히 하는 일과 목표를 세우는 일은 둘 다 중요하다. 구체적이고 뚜렷한 목표는 성과 창출의 첫 삽을 힘차게 뜨는 일과 같다.

중요한 줄 알면서도 목표를 세우지 않는 이유

사실 많은 사람들이 목표를 세우는 것이 얼마나 중요한지 잘 알고 있다. 그러나 중요하다고 생각하지만 실제로는 목표를 세우지 않고 계획을 먼저 세우거나, 아예 목표를 세우지 않는 사람들이 많다. 왜 그럴까? 중요한지 알면서도 목표를 세우지 않는 이유는 크게 3가지다.

첫째, 귀찮아서다. 사람들은 귀찮아서 목표를 세우지 않는다. 중요한 것도 알고, 유익한 것도 알지만 목표를 세운다는 또 하나의 일을 추가적으로 하는 것이 귀찮기 때문에 목표를 세우지 않는다.

둘째, 실패할까봐서다. 멋진 목표를 세웠지만 목표를 이루지 못해 도리어 아프고 쓰라렸던 기억 때문에 괜히 이루지도 못할 목표를 세워 자괴감과 비애감을 또 맛보느니 차라리 목표를 세우지 말자고 생각하게 된다. 새해가 시작될 때마다 체중감량과 영어공부, 금연과 운동 목표를 세웠지만 뼈아픈 실패만 경험한 사람들은 예상되는 실패가 두렵기 때문에 목표를 세우지 않는다.

셋째, 방법을 잘 몰라서다. 귀찮음과 실패에 대한 두려움을 극복했다고 해도 방법을 잘 모르면 목표를 세우기 힘들다. 쉬워 보이는 일도 해보면 어렵듯 대충은 알지만 막상 목표를 세우려니 어렵기도 하고, 자신의 업무와 직접 연결하여 목표를 세우려다 보니 여러 장벽에 부딪혀 목표를 세우는 과정에서 포기하는 사람들이 많다. 방법을 잘 몰라 목표를 제대로 세우지 못하게 되면 반복적으로 목표를 세우다 포기하게 되고, 이런 일들이 쌓이면 그냥 목표 없이 지내도 큰 탈 없더라는 생각으로 목표를 세우지 않게 된다.

목표를 제대로 세우는 방법

그러나 어떤 경우든 목표는 반드시 세워야 한다. 큰일이든 작은 일이든, 기간이 길든 짧든 목표를 올바로 세우는 일로 업무를 시작해야 한다. 그리고 이를 위해서는 먼저 목표를 제대로 세우는 방법을 정확히 알아야 한다. 그렇다면 목표를 잘 세우는 방법은 무엇일까?

첫째, 목적에 맞는 목표를 세워야 한다. 추상적인 목적을 실체로 만든 것이 목표이므로 목표를 세울 때는 항상 목표의 '목표'가 되는 본질의 목적에 맞도록 세워야 한다. 경유지를 정할 때 최종 목적지와 비슷한 방향으로 정해야 하듯, 목표는 항상 궁극적 목적지인 목적에 맞게 세워야 제대로 세울 수 있다.

둘째, 구체적으로 목표를 세워야 한다. 숫자와 이미지를 통해 마치 건설현장의 조감도처럼 목표를 구체적으로 세우는 것이 좋다. 구체적 목표가 구체적 전략과 구체적 행동을 유발하고 나아가 구체적 성과를 창출할 수 있기 때문이다. 사람들은 조감도를 보면서 공사를 통해 세우고자 하는 건물의 모습을 연상한다. 마찬가지로 목표를 구체적으로 세워야 이를 통해 이루고자 하는 바를 구체적으로 생각할 수 있다.

셋째, 자신의 수준에 맞는 목표를 세워야 한다. 목적과 같은 방향이고, 또 구체적이라고 하더라도 수준이 너무 높거나 낮으면 좋은 목표가 아니다. 목표를 세울 때는 더 높은 구조에 위치해 있는 목표, 즉 상위 목표와 연계가 되도록 세워야 하며 실현할 수 있는 수준으로 세워야 한다. 또한 쓸 수 있는 자원은 별로 없는데 목표만 도전적으로 세운다면 이는 수준에 맞는 목표가 아니다.

따라서 목표를 세울 때에는 목표달성을 위해 필요한 요소들을 예리하게 분석해 수준에 맞도록 세워야 한다.

목표를 제대로 공유하라

올바른 목표를 세운 후에는 목표를 공유해야 한다. 공유를 통해 그들만의 목표가 아니라 우리 모두의 목표가 되도록 해야 한다. 회사의 목표는 단위 부서의 목표가 이뤄져야 달성되고 단위 부서의 목표는 해당 부서원이 각자의 목표를 이뤄야 달성된다.

따라서 구성원이 개인과 부서와 회사의 목표를 올바로 공유하지 못하면 개인의 목표와 부서의 목표는 따로국밥이 되어 낱알처럼 떨어질 것이고, 때론 목표끼리 서로 충돌하게 된다.

목표 공유의 중요성

목표를 잘 세우는 것도 중요하지만 잘 세운 목표를 공유하는 것도 중요하다. 공유되지 못한 목표는 나의 목표, 우리의 목표가 아니라 팀장의 목표, 사장의 목표, 나와는 상관없는 회사의 목표로 전락한다. 이처럼 공유에 실패한다면 목표는 성과를 위한 힘이 아니라 도리어 팀워크와 성과 창출을 방해하는 장벽이 될 수밖에 없다. 공유된 목표만이 성과 창출의 견인차가 되고 조직에 활력을 불어넣는 비타민이 된다.

목표를 제대로 공유하는 방법

그렇다면 회사의 목표를 그들만의 목표가 아닌 우리 모두의 목표로 공유할 수 있는 방법은 무엇일까?

첫째, 상위 목표와 하위 목표의 연계성을 최대한 높여야 한다. 목표를 제대로 공유하기 위해서는 전체적인 회사의 목표를 달성하기 위해 각 부서가 이뤄야 할 목표, 부서의 목표를 달성하기 위해 각 개인이 책임져야 할 목표가 분명히 연계되어야 한다. 연계성 확보에 실패하면 목표설정의 과정이 아무리 투명하고 원활해도 앞뒤가 맞지 않는 시나리오로 만든 영화처럼 빈틈이 생기고, 톱니바퀴처럼 돌아가야 할 조직에 엇박자가 난다.

둘째, 리더와 구성원이 함께 단위 부서의 목표를 최대한 구체적으로 설정해야 한다. 이를 위해서는 목표를 이룰 사람이 목표를 세우는 과정에서 주도적인 역할을 맡아야 한다. 또한 해야 할 목표가 어떻게 결정되었는지 구성원의 공감을 이끌어내야 한다. 설령 리더가 다소 이런 과정에 능숙하지 못하더라도 구성원은 푸념과 비난만 할 것이 아니라 자신의 위치에서 충실히 리더를 도와야 한다. 함께 만든 목표가 함께 이뤄야 하는 목표가 된다는 사실을 모두가 유념해야 한다.

셋째, 항상 목표의 상위에 있는 목적을 모두 고려해야 한다. 목적은 목표의 목표다. 즉 모든 목표는 그 위에 있는 목적을 바탕으로 존재한다. 따라서 목표에 대한 의견은 구성원이나 부서마다 다를 수 있다. 그러나 회사의 목적에 대해서는 모든 부서가 같은 고민을 할 수 있어야 한다. 나아가 팀의 목적에 대해서는 각자의 목표에 대해서는 서로 다른 의견을 갖고 있다 하더라도 구성원 모두가 동질감을 가져야 한다. 조금씩 다른 목표가 모두 모여 전체의 목표가 되고, 그것이 부서와 회사의 목적을 이뤄간다는 공감대가 무엇보다 중요하다.

공유된 목표의 위력

구슬이 서 말이어도 꿰어야 보배라는 속담은 목표의 공유 측면에서도 의미 있는 말이다. 각자의 목표를 공유해야 팀의 목표는 팀장만의 목표가 아닌 팀원 전체의 목표가 된다. 여러 팀의 목표가 공유되야 회사의 목표는 CEO만의 목표가 아닌 팀장 전체, 나아가 회사 구성원 전체의 목표가 된다.

목표를 공유하는 일은 결코 리더만의 몫이 아니다. 신입사원부터 CEO까지 모두 목표를 공유하기 위해 노력해야 한다. 목표의 공유를 통해 '나의 목표'를 '우리의 목표'로, '우리의 목표'를

'나 자신의 목표'로 인식해야 한다. 그때 비로소 목표는 구성원 모두의 몰입을 이끄는 뜨거운 용광로가 될 것이다.

목표를 효과적으로 관리하라

／ 목표를 잘 세웠다고 곧바로 목표가 공유되지 않는 것처럼, 구성원이 실제로 목표를 본인의 것으로 공유했다고 곧바로 목표가 달성되는 것은 아니다. 따라서 목표는 치밀하게 관리되어야 한다.

타깃을 정하라

팀원은 팀원대로, 팀장은 팀장대로, CEO는 CEO대로 각자의 위치와 역할에 맞는 목표관리에 성공하는 회사가 목표를 제대로 달성하는 조직이 될 수 있다. 목표관리를 위한 이론과 기법들은 매우 다양하지만, 여기서는 가장 중요한 몇 가지 핵심내용만 살펴보자.

먼저 목표관리는 전략과제를 도출하여 타깃을 정해야 한다. 타깃을 정할 때는 목표를 달성하기 위해 가장 중요한 변수를 스스로 파악하여 이를 전략과제로 설정한 후 이를 달성하기 위해 역량을 집중해야 한다. 이것이 바로 목표관리의 시작이다. 예를 들어 영업부서 구성원 1명이 월간 목표로 신규고객 10명 확보라는 목표를 세웠다고 하자.

이 부서가 해당 목표 달성을 위해 노력하기 시작할 때 가장 먼저 해야 할 일이 타깃, 즉 전략과제를 도출하는 일이다. '대학동기' 나 '전 직장 선후배' 등 대상으로 구분하여 타깃을 정할 수도 있고, '상품지식 연마', '설득력 강화' 등 역량으로 구분하여 전략과제를 정할 수도 있다.

어떤 방법이든지 목표 달성을 위해 가장 큰 영향을 미치는 핵심 성공요인과 예상장애요인을 먼저 뽑아내고, 이 요인들의 획득과 제거를 위해 자신이 무엇에 또는 어디에 역량을 집중해야 하는지를 정하는 것이 바로 목표관리의 첫걸음이 되는 타깃팅이다.

표지판을 세워라

그런데 이와 같은 목표를 이뤄가는 중간 중간에 길을 잘 몰라서든 쉬어가고 싶어서든 얼마든지 옆길로 샐 수 있다. 그래서 표지판이 필요하다. 지금 가고 있는 방향이 맞는지, 혹시 길을 지나쳤거나 너무 빨리 빠져나온 것은 아닌지를 표지판을 통해 확인하면서 목적지로 가야 한다.

목표관리를 위해서도 표지판이 필요하다. 운전자가 목적지로 똑바로 가기 위해 자동차의 계기판을 수시로 확인하고 신호등과 주변 교통상황을 적절히 관찰해야 하는 것처럼, 목표관리를 위한 전략과제를 하나씩 수행하는 과정에서도 자신의 방향과 현황에 대해 점검해야 한다. 요컨대 목표관리를 위해서는 안전하고 효율적인 운전을 위해 필요한 표지판을 스스로 만들어야 하는데 이것이 KPI^{Key Performance Indicator, 핵심성과지표}이다.

KPI는 목적달성 여부를 가장 정확하게 측정할 수 있는 기준이다. 자신이 설정한 목표를 달성하고 있는지, 나아가 수립한 전략이 의도대로 실행되는지 파악하기 위한 기준이 바로 KPI다. 따라서 KPI는 업무수행의 목적지를 분명하고 구체적으로 알려주는 역할을 한다.

타깃을 향해 표지판을 보며 운전하라

목표관리를 위해 해야 할 세 번째 일은 실행이다. 전략과제를 도출하여 타깃을 정하고, 중간 중간 확인해야 할 핵심성과지표^{KPI}를 설정한 다음에는 계획을 구체적으로 수립하여 이에 따라 열심히 실천해야 한다. 목표관리는 결국 이 실천으로 완성된다. 목표를 잘 설정하는 일도 중요하고, 전략과제를 올바로 도출하는 일도 필요하다. 표지판을 잘 세우는 일 역시 매우 중요하다. 그래야 딴 길로 가지 않을 수 있기 때문이다.

그러나 이와 같은 일들이 다 잘 이뤄졌어도 실행이 없다면 목표는 이뤄질 수 없다. 따라서 목표관리를 위해서는 타깃 설정과 KPI 도출을 정확히 함은 물론 표지판을 보듯 KPI를 수시로 점검하면서 목표달성을 위한 노력을 지속해야 한다.

목표가 최상의 동기부여다

／ 심리학자 레퍼Mark R. Lepper와 그린David R. Green은 어린이들을 두 그룹으로 나눈 후 A그룹에게는 보상에 관한 아무런 언급을 하지 않은 채 수수께끼를 풀도록 했다. 반면에 B그룹에게는 수수께끼를 풀면 특정한 장난감을 갖고 놀 수 있다는 보상을 예고했다. 이 방법으로 한 차례 실험을 실시한 다음에는 두 그룹 모두에게 보상 없이 자발적으로 수수께끼를 풀 수 있는 기회를 주었다. 처음에 보상을 얘기했던 그룹과 얘기하지 않았던 그룹 모두에게 똑같이 수수께끼를 풀도록 한 것이다. 그러자 수수께끼를 풀어 장난감을 갖고 놀 수 있는 보상을 받았던 B그룹에 비해 처음부터 보상을 기대하지 않았던 A그룹이 훨씬 더 즐겁고 열정적으로 수수께끼를 풀었다.

회사에서 목표를 이뤄가는 과정에서도 마찬가지다. 보상은 처음에는 당장 눈앞에 해야 할 일에 집중하게 만드는 효과를 가져

다준다. 그러나 보상으로 인한 효과는 오래 가지 못한다. 특히 반복되는 보상의 효과는 빠르게 줄어든다.

목표를 이루는 과정에서 동기를 부여하는 일은 수영을 할 때 계속해서 호흡을 하는 것만큼 중요하다. 그런데 사실 동기를 부여하는 일은 결코 리더만의 몫이 아니다. 동료들 중에서도 하고 싶은 의욕을 잃게 만드는 사람이 있고, 하기 싫은 마음이 들 때마다 새로운 동기를 불러일으켜주는 사람이 있다. 그래서 CEO처럼 일한다는 것은 누군가에게 힘과 보탬이 되어주고, 동기를 부여하는 일이다. 그리고 이를 위해 가장 중요한 것이 바로 목표다. 목표는 가장 좋은 동기부여의 방법이기 때문이다.

CEO처럼 일하는 사람들은 목적에 맞는 목표를 스스로 설정하여 자발적으로 동기를 부여한다. 명확한 목적과 뚜렷한 목표를 향해 노력하는 과정에서 스스로 부여하고 증폭하는 동기를 통해 자신을 이끌어가고, 나아가 이루고자 하는 목표를 달성해간다. 동기부여의 최선책은 목표다. 목표를 향해 나아가는 과정에서 발생하는 수많은 어려움은 분명 목표 자체의 힘으로 뚫을 수 있다.

우리가 이뤄야 할
성과는 무엇인가?

목적을 이루기 위해서는 수많은 노력이 필요하다. 방법론에 대한, 즉 어떻게 할 것인가에 대한 진지한 고민이 없는 목적은 허울 뿐인 구호에 지나지 않는다. 형이상학적 가치와 철학이 아무리 그럴싸하더라도 형이하학적 방법론이 없다면 실행을 할 수 없다.

나아가 실행되지 않는 좋은 생각은 망상일 뿐이므로 '그래서 어떻게 할 것인가'에 관한 구체적인 실행 방법이 짜임새 있게 마련되지 않으면 이전의 가치와 철학은 큰 의미가 없다. 따라서 목적을 달성하기 위해서는 성과창출을 위한 최적의 전략을 수립하고 실천해야 한다.

성과는 왜와 어떻게의 컬래버레이션이다

요컨대 성과는 목적에 대한 고민인 왜Why와 방법에 대한 고민인 어떻게How가 조화를 이룰 때 비로소 창출된다. 물이 수소 2개와 산소 1개가 결합할 때 만들어지듯, 성과는 왜Why와 어떻게How가 컬래버레이션을 이뤄 만들어진다.

성과를 이룰 것인가? 실적을 올릴 것인가?

／ 성과라는 단어는 회사뿐만 아니라 일상에서도 자주 사용한다. 그러나 성과의 의미를 정확히 이해하지 못하고 비슷한 뜻을 가진 다른 단어와 혼용하는 사람이 많다. 그러나 성과의 의미를 정확히 이해해야 성과를 내기 위해 몰입할 수 있고 나아가 성과를 창출할 수 있다. 앞서 살펴본 바와 같이 실적과 대비되는 성과는 목표를 기준으로 하지만 실적은 사전에 어떤 기준을 전제하지 않는다. 따라서 성과를 목적에 대한 결과로, 실적을 단순한 일의 결과로 설명할 수 있다.

성과와 실적

예를 들어 고객 서비스 담당자의 '야근 2시간', '1일 인바운드 통화 15회'와 같은 것은 실적이다. 자신이 수행한 일을 산술적인 양으로 표현하고 있기 때문이다. 반면 '월 신규고객 가입건수 10회', '고객 재추천 점수 90점 획득' 등 사전 기준에 대비해서 어떤 결과를 만들었는지를 나타낸다면 이는 성과다.

성과를 중심으로 일해야 하는 이유

이처럼 성과를 중심으로 일하는 것은 실적 위주로 생각하며 일하는 것과 명확한 차이가 있다. 예를 들어 실적 중심으로 일하는 영업사원은 '하루 12명 이상 고객 방문', '주 2회 이상 고객과 저녁식사', '월 3회 이상 단체 고객 행사 지원' 등의 목표를 세워 일하며 그 목표를 달성한 것에 대해 만족하게 된다. 그러나 이때 고객을 많이 방문하고 자주 만나는 것 자체가 영업사원이 일하는 목적은 아니다. 영업의 목적은 매출을 만드는 것이고 고객과의 접촉을 늘리는 것은 매출을 만들기 위한 과정일 뿐이다.

이와는 달리 실적이 아닌 성과를 중심으로 일하는 영업사원은 '일일 150명 이상 내점 유도', '월 평균 계약 체결액 1,200만 원' 등과 같이 일의 본질적인 목적에 초점을 맞춰 목표를 세우고 목표달성을 위해 노력한다. 마찬가지로 실적에 주목한다면 행사의 회수와 이벤트의 참가자 수를 늘리려고 하지만 성과를 지향한다면 참가자의 인식 제고나 서비스 가입 증대에 초점을 맞출 것이다. 이처럼 실적이 아닌 성과에 집중할 때 하고자 하는 목적이 무엇인가에 초점을 맞출 수 있고 이를 통해 이루고자 하는 성과에 집중할 수 있으며, 나아가 그 일을 통해 만들어내는 가치의 수준을 높일 수 있다. 요컨대 실적이 아닌 성과를 중심으로 일해야 하는 이유는 일의 목적에 더 가까운 결과를 만들어내기 위함이다.

성과는 아름답다

우리나라에서 성과에 대한 강조는 97년 외환위기 이후부터 시작되었다. 그에 따라 잘못된 성과주의가 구성원을 옥죄고 압박하는 이데올로기로 사용되기도 했다. 그래서 성과주의 자체를 노동자를 탄압하고 통제하기 위한 도구로 생각하거나 성과주의를 과정은 무시하고 결과만 따지는 결과지상주의로 오해하기도 한다. 그러나 이는 실적주의에 대한 오해이자 성과에 대한 그릇된 선입견이다.

성과와 실적이 다르듯, 성과주의와 실적주의 역시 출발점부터 다르다. 성과주의는 성과를 이루기 위해 회사 구성원이 사전에 합의한 목표와 업무를 중심으로 전략을 수립하여 실행하자는 생각이다. 반면 실적주의는 시간적 순서에 따라 일을 열심히 수행한 결과인 실적을 중요시하는 태도다.

따라서 성과주의가 구성원을 통제하고 감시하기 위해 행하는 것, 과정과 절차는 무시하고 단지 결과만 중요시하는 것이라는 생각은 오해다. 또한 단기적인 실적에만 집중하다 보면 미래의 중장기적인 투자에 소홀하게 될 가능성이 있는데, 성과주의는 이를 예방하는 효과가 있다. 성과주의는 궁극적으로 미래에 이루고자 하는 '비전' 달성을 염두에 두기 때문에, 구성원이 중장기 성과와 단기 성과를 균형 있게 추구하며 꾸준히 필요한 역량을 강화하도록 돕는다.

실적과 구분되는 성과는 사람을 사람답게 만드는 아름다운 것이다. 사람은 누구나 자신이 원하는 결과를 만들어낼 때 비로소 자존감을 느끼며 참다운 행복을 느낄 수 있기 때문이다. 이런 점에서 실적을 성과로 오해하여 성과가 사람에게 상처를 주는 나쁜 것이라는 인식은 반드시 극복되어야 한다.

성과가 만들어지는 프로세스를 간파하라

／ 자동차 같은 복잡한 기계를 만드는 일은 물론 간단한 종이비행기를 접는 일까지 모든 일에는 절차와 공정이 있다. 성과 창출을 위한 노력 역시 이와 같은 절차와 공정에 따라 실행할 수 있어야 일머리를 발휘하여 요령 있게 성과를 만들어낼 수 있다. 이를

위해서는 성과가 만들어지는 프로세스가 어떻게 전개되는지 간파해야 한다.

이와 같은 절차와 공정을 흔히 영어 단어 그대로 프로세스 process라고 표현하는데 성과 창출을 위한 업무의 절차와 공정, 즉 프로세스 역시 세분화해야 한다. 이를 위해서는 먼저 성과창출을 위해 가장 먼저 할 일과 그다음 할 일 등의 순서로 맨 마지막의 마무리까지 개괄적인 순서로 성과창출 프로세스를 정리해야 한다.

성과가 만들어지는 과정을 잘게 쪼개라

크고 무거운 겨울 이불을 개지 않고 그냥 들려고 하면 들기도 힘들 뿐더러 바닥에 끌리지만 차곡차곡 개키면 가뿐히 들 수 있는 것처럼 성과를 창출하기 위해 거쳐 가야 할 과정을 세분화하면 스스로 통제할 수 있게 된다.

예를 들어 생산량이 증가하여 제품의 평균 출하속도가 느려지는 문제를 해결해야 한다면 전체 생산 공정을 구간별로 나눠 생각해야 한다. 이를 통해 출하속도를 떨어뜨리는 공정이 어디인지 파악하여 그 원인과 해법을 모색하는 것이 출하속도 저하라는 문제를 해결하는 단서가 될 것이다.

과정을 어떻게 세분화하느냐에 따라 프로세스를 맛있게 먹을 수도 있고 그림의 떡처럼 보기는 하되 제대로 먹을 수 없게 될 수도 있다. 프로세스를 세분화하면 아무리 복잡다단한 프로세스라고 하더라도 일이 진행되는 절차를 한 눈에 볼 수 있게 된다.

과정을 구분하는 3가지 기준

이때 성과를 만들어내는 과정을 세분화하려면 먼저 의미 있고 타당한 기준을 설정해야 한다. 이를 위해서는 시간적인 순서에 따라 나누는 방법, 우선순위를 기준으로 나누는 방법, 대상을 중심으로 나누는 방법 등이 있다. 이 중에서 가장 일반적이고 중요한 시간적인 순서에 따라 과정을 나누는 방법에 대해 살펴보자.

시간을 구분하는 것은 액체를 고체 용기에 담는 것과 같다. 액체는 양을 잴 수도 없고 보관하기도 힘들지만 용기에 담긴 액체는 양도 잴 수 있으며 품질까지 조절할 수 있다. 시간을 초, 분, 시, 일, 월 등의 단위로 나누는 것도 시간에 대한 통제 가능성을 높여준다.

똑같은 논리로 일의 프로세스를 각 단계로 구분하는 것도 매우 유용한 의미를 지닌다. 프로세스를 구분하면 하나의 큰 덩어리를 각 단계로 쪼갤 수 있기 때문에 쪼갠 단계에 역량을 집중할 수 있게 된다.

시간적인 순서에 따라 과정을 세분화하기 위해서는 먼저 성과

창출을 위해 해야 할 일을 대략적인 순서에 따라 배열한다. 물론 이 일들 중에서는 시작부터 끝까지 계속해야 하는 일도 있고 특정 시점에서만 집중해야 하는 일도 있을 것이다. 그러나 일을 시작하면서 당장 하는 것이 좋을 수도 있고 마무리 단계에서 하는 것이 유용할 수 있다. 또한 잘 되고 있는지를 매일 확인해야 하는 일도 있고 딱 한 번 잘하면 되는 일이 있기도 하다. 이와 같은 특성에 따라 일의 순서를 적당히 배열한다.

이와 같은 방법에 따라 성과창출의 프로세스를 분해하면 장기, 중기, 단기, 초단기 등으로 해야 할 일들을 세분화할 수 있게 된다. 물론 며칠 또는 몇 달 정도로 끝낼 수 있는 일이라면 장기나 중기까지 구분할 필요나 의미는 없다. 이때 중요한 것은 프로세스를 분해하는 것이 '해야 할 일' 리스트가 되어서는 안 된다는 점이다.

목표가 아닌 해야 할 일 자체에 초점을 맞추다 보면 오늘, 이번 주, 이번 달에 달성해야 하는 목표를 까마득하게 잊어버리고 일하는 순서만을 정리하는 과오를 범하기 쉽다. 목표는 잊어버리고 일하는 순서를 정해놓은 후 그에 대한 진도관리만 하다 보면 목표와는 점점 더 멀어지게 되기 때문이다. 따라서 시간적인 순서에 따라 성과창출 프로세스를 나눌 때에도 항상 일의 목적, 업무의 목표를 놓치지 말아야 한다.

중간 점검 지대를 정하라

또한 성과 창출 프로세스를 나눌 때에는 중간 점검 지점을 정해 놓는 것도 잊지 말아야 한다. 이는 목표 달성을 위한 전술로서 매우 중요한 의미를 갖는데 중간 점검 지점을 활용하는 방법에 대해 살펴보자.

먼저 자신이 세운 세부 계획을 주변 사람들에게 단계별로 알린다. 목적 달성을 위해 한 발 한 발 내딛고 있는 자신의 상태를 주위 사람이 알게 되면 점점 목표에 가까워지는 중간 지점을 나뿐만 아니라 다른 사람도 볼 수 있게 되고, 다른 사람의 눈을 의식하는 외부적 통제 수단에 의해 자기 스스로의 실행을 모니터링할 수 있으며 유익한 자극이 될 수 있다. 중간 점검 지점의 활용은 무엇보다 시간의 효율적 활용을 위한 것이다. 아무리 좋은 방법이라고 해도 시간을 통제하는데 실패하면 결코 성공할 수 없다. 전략에 투입해야 할 자원 중에서도 시간적인 자원이 가장 제한적이며, 이 제한은 지위고하를 막론하고 모든 사람에게 동일하게 적용된다.

가장 어설픈 발표자는 주어진 시간 내에 자신이 하고자 하는 말을 다하지 못한 채 '시간이 모자라서 얘기를 제대로 못했다'는 말로 발표를 끝내는 사람이라고 한다. 좋은 발표자라면 '시간이 모자라서 얘기를 제대로 못했다'는 말 대신 비록 짧은 시간이 주어졌다고 해도 사전에 그 시간에 무엇을 말할 것인가 하는 핵심 메시지를 잘 선택하여 짧지만 강한 인상을 주는 발표를 할 것이다. 이처럼 시간은 누구에게나 동일하게 주어지지만, 그 시간을 어떻게 쓰느냐에 따라 충분할 수도 부족할 수도 있다. 중간 점검 지대의 활용을 통해 시간을 효율적으로 사용함은 물론 성과 창출의 가능성을 그만큼 높일 수 있을 것이다.

성과창출의 핵심에 집중하라

／ 실적이 아닌 성과에 집중해야 목적 성취를 위해 이루고자 하는 바를 명확히 얻어낼 수 있다. 나아가 성과가 만들어지는 과정을 구분함으로써 매순간에 해야 할 일과 중간에 이뤄야 할 목표를 달성할 수 있다.

그리고 이와 같은 작업을 통해 바로 그 순간에 해야 할 일이 무엇이고 그 일을 위해 필요한 힘이 무엇인지 깨달을 수 있게 된다.

성과 창출을 위한 핵심요소를 파악하라

많은 직장인이 문제를 해결하는 방법을 정확히 알지 못한 상태에서 일을 시작한다. 스스로 설정한 목표의 달성을 위한 타깃팅

Targeting된 전략을 실행하는 것이 아니라 일단 급하다는 이유로 일을 시작한 후에 정답을 찾기 위해 노력한다.

그러나 살을 빼야겠다고 마음먹는 순간부터 열심히 다이어트를 시작하는 것도 중요하지만 굶거나 걷거나 줄넘기를 하거나 하는 다양한 방법 중 어떤 방법이 가장 적합하고 주효한지 생각하고 거기에 힘을 집중해야 한다. 성과 창출을 위한 핵심요소를 파악하여 반드시 해야 할 일을 선택하고, 그 일을 성공하기 위한 전략을 수립하여 모든 힘을 집중하는 것이 CEO와 같은 계산의 핵심이다.

핵심을 짚는 전략을 통해 성과를 창출하라

냉장고나 세탁기 같은 생활가전 부문에서 10년 동안 영업을 하던 이 과장은 얼마 전 디지털가전 부문으로 자리를 옮겼다. 10년 동안 생활가전 영업을 하면서 좋은 성과를 거두며 베테랑으로 성장한 이 과장이 회사의 인정을 받아 디지털가전 영업 파트장이 된 것이다.

새로운 자리이긴 하지만 상품만 다를 뿐 가전 영업이라는 점은 똑같을 거라고 생각한 이 과장은 우선 전반적인 영업 현황과 최근 3개년 동안의 영업 추세를 검토하기 시작했다. 급속히 팽창하고 있는 디지털가전 수요와 이쪽 시장에서도 발휘되고 있는 자사의 경쟁력을 확인하며 생활가전에서 좋은 성과를 냈던 것처럼 디지털가전에서도 멋진 성과를 내겠다고 다짐했다.

먼저 이 과장은 현황 분석을 통해 주요고객의 연령층이 30~50대인 생활가전과는 달리 디지털가전은 10~30대 고객이 훨씬 더 많다는 점, 생활가전은 오프라인 판매 비중이 더 높은 반면 디지털가전은 온라인 판매 비중이 더 크다는 점, 오프라인 중에서도 직영매장을 중심으로 백화점과 할인점에서 주로 판매되는 생활가전과는 다르게 디지털가전은 디지털 전문매장이나 대형 전자상가를 중심으로 더 많이 팔리고 있다는 점을 파악했다. 그리고 이에 따라 적절한 영업 전략을 수립했다.

이 과장이 접한 다양한 자료들은 분명히 정확한 정보였고 나름대로 큰 의미가 있는 데이터였다. 또한 이 과장은 디지털가전의 판매가 실제로 이뤄지고 있는 오프라인 매장과 온라인 쇼핑몰에 직접 방문하여 현장감을 익히는 일도 잊지 않았다.

하지만 디지털가전 부문의 영업성과는 이 과장이 자리를 옮긴 직후부터 정체되기 시작했다. 임원진들은 새로운 리더가 적응하는 데 시간이 필요하기 때문에 일시적인 정체는 당연한 거라 생각했지만 3개월이 지나자 도리어 더 떨어지기 시작하는 영업 실적을 보며 불안해하기 시작했다. 판매 실적도 그렇지만 무엇보다 수익률에 있어서 감소 추세가 뚜렷했다. 누구보다 초조하고 안타까운 건 이 과장 본인이었다. 데이터를 정확하게 분석해 그에 따른 영업 전략을 실행하고 있고 현장을 수시로 방문하여 판매사원을 격려하며 현장에서 필요한 지원을 아끼지 않았는데도 영업실적이 신통치 않은 이유를 도무지 알 수 없었다.

생활가전 영업왕이 디지털가전도 잘 팔까?

그러나 이 과장이 결정적으로 놓친 포인트가 있었다. 의욕이 앞선 탓에 성과창출의 핵심이 되는 요소가 무엇인지, 생활가전과 디지털가전에는 차이가 있다는 점을 파악하지 못했고, 이에 따라 수립한 전략의 구체성이 떨어졌던 것이다. 이 과장은 생활가전과 구별되는 디지털가전 영업의 가장 큰 특징을 본인이 단순히 무엇을 파는가에 국한하여 생각했다.

생활가전은 냉장고와 세탁기를 팔고 디지털가전은 디지털카메라와 노트북을 판다. 무엇을 파느냐 하는 기준으로 볼 때 생활가전과 디지털가전은 상품만 다를 뿐 큰 차이가 나질 않는다. 주요 고객의 연령대가 다르다는 점, 온·오프라인 매장의 비중이 반대라는 사실, 세부적인 오프라인 매장 중에서도 매출 비중에 차이가 난다는 점은 문서를 통해 분석한 내용이 정확했다. 하지만 이것만 가지고는 영업실적의 가파른 하향곡선을 상향곡선으로 바꿀 재간이 없어 보였다. 이런 데이터들이 성과창출의 핵심요소가 아니었던 것이다.

이 과장은 다시 한 번 곰곰이 생각했다. 현장인 온라인 쇼핑몰과 오프라인 매장을 수차례 방문하여 성과를 개선하기 위한 정답을 현장에서 찾기 위해 노력했다. 그리고 이 과장은 무엇을 파느냐 하는 공급자가 아닌 수요자 중심으로 생각해보기 시작했다. 고객이 디지털가전을 실제로 구매하는 행위가 일어나는 쇼핑몰과 매장을 직접 눈으로 보는 것뿐만 아니라 자신이 고객이 되어 제품을 구매해보면서 고객이 왜 사는가에 대한 정답을 현장에서, 현장 중심의 사고를 통해 파악하기 위해 노력한 것이다.

이를 통해 이 과장은 생활가전이든 디지털가전이든 직접 사용하는 것이 고객의 1차적인 제품 구매 이유지만 디지털가전을 사는 구매자는 다른 사람이 자신이 그 제품을 사용하는 모습을 어떻게 볼까 하는 자신의 이미지에 신경을 많이 쓴다는 사실을 파악했다. 고객이 왜 디지털가전을 사는가 하는 질문에 대해 남에게 보여주기 위해서 사는 것까지는 아닐지라도 다른 사람의 눈에 제품을 사용하는 자신의 모습이 어떻게 비춰질까를 구매를 하는 순간까지 생각한다는 것이다.

생활가전과 디지털가전의 포인트는 다르다

이것이 바로 생활가전과는 다른 디지털가전의 성과창출의 핵심

요소였다. 곧바로 이 과장은 생활가전과 디지털가전의 결정적인 차이는 유통기간에서 난다는 것을 깨달았다. 이 과장은 이 사실을 판매가 이뤄지는 현장 안쪽에 있는 제품창고를 눈으로 직접 보고 정확히 알 수 있었다. 할인점 안에 있는 자사의 제품 창고에는 냉장고와 세탁기는 많지 않았고 대신 디지털가전들이 가득했다.

유통기간이 긴 생활가전은 공장이나 지방의 물류창고에 보관하는 것이 효과적이지만 제품의 크기도 작은데다가 유통기간도 짧은 디지털가전은 할인점 안에 두는 것이 적합하기 때문이다. 작은 소품이 아니고서는 대부분 배송이 이뤄지는 생활가전과는 반대로 디지털가전은 어지간히 큰 제품이 아니면 구매한 제품을 고객이 직접 들고 간다는 아주 당연한 사실도 새삼스레 확인할 수 있었다.

한 번 만들면 오랫동안 팔 수 있고 디자인만 약간 바꾸면 또 오랫동안 판매할 수 있는 생활가전과는 달리 디지털가전은 제품의 주기가 길어야 6개월이었고, 제때 팔지 않으면 손해를 보기 때문에 무엇보다 재고관리가 중요했던 것이다. 생활가전이 몇 달 동안 팔아도 되는 건어물이라면 디지털가전은 며칠 안에 팔지 못하면 썩어버리는 생선이라는 사실, 따라서 디지털가전을 판매하기 위해서는 고가와 저가를 신속히 바꿔주는 탄력적인 가격정책을 구사해야 한다는 점, 다양한 매체 광고와의 연계성을 최대한 활용하는 전략을 모색해야 한다는 것을 뒤늦게 알게 된 것이다.

이를 통해 이 과장은 이미지를 중요하게 여기는 고객에게 짧은 유통기간 동안 많이 판매할 수 있는 새로운 전략을 수립하고 실행하여 저조했던 성과를 만회할 수 있었다. 성과창출을 핵심요소를 정확히 짚어내고 이를 통해 수립한 전략의 실천을 통해 원하는 성과를 창출할 수 있었던 것이다.

트라우마처럼 성과를 열망하라

원래 의학용어인 트라우마trauma는 일반적으로 '외상外傷'을 뜻하지만 '정신적 외상' 또는 '영구적인 정신 장애를 남기는 충격'을 의미하는 심리학 용어로 사용되는 경우가 많다. 트라우마는 선명한 시각적 이미지를 동반하는 일이 극히 많고 이러한 시각적 이미지는 아주 오랫동안 기억된다. 자신이 정말 좋아하는 대상을 '그 소리를 들으면 자다가도 벌떡 일어난다'고 표현하기도 하고, 염원하는 바를 생각하면 가슴이 콩닥콩닥 심장 박동이 빨라지고 눈이 번쩍번쩍한다고 말하기도 하는데 이것도 트라우마의 일종으로 해석할 수 있다.

강한 충격으로 인해 받은 정신적 외상이 비슷한 상황에 처하면 저절로 떠오르듯이, 자신이 뜨겁고 강하게 열망하는 대상을 생각하면 본능적으로 동공이 커지고 에너지가 충전될 수 있기 때문이다.

성과 창출을 위해서도 트라우마와 같은 강렬함이 필요하다. CEO는 자신의 사업과 이루고자 하는 성과에 대해 긍정적인 트라우마를 가진 사람이다. 자다가 일어나면 사업을 생각하고, 심지어 꿈에서도 성과를 이루는 꿈을 꾸는 사람이다. 자신의 가슴이 뛰고 눈이 번뜩이며 사기와 의지가 강렬해지기 위해서는 성과를 트라우마처럼 꿈꿔야 한다.

구체적 목표가 구체적 전략을 가능하게 하고 나아가 구체적 실행과 구체적 결과를 가능하게 하므로 성과에 대한 간절함은 성과 창출의 전제조건이 된다. 트라우마처럼 성과를 열망할 때 성과는 현실이 된다.

우리는 지금 옳은 길로
가고 있는가?

처음 가는 곳을 급하게 가야 할 때 급하다는 이유로 일단 출발부터 하는 사람이 있고 아무리 급하더라도 목적지와 최적의 경로를 정확히 확인하고 출발하는 사람이 있다.

맞는 길로 가고 있는가?

급하다고 길도 잘 모르면서 일단 시동을 걸고 출발하는 운전자는 도중에 어디로 가야 할지 정확히 모를 때도 급하니까 일단 우회전을 하고 직진을 하기 쉽다. 멈추지 않고 움직이고 있다는 사실을 위안으로 삼을 수는 있겠지만 지금의 이동이 빠른 도착에 도리어 방해가 된다는 점을 인식하지 못한다.

운전할 때만 이런 일이 일어나는 것이 아니다. 회사에서 업무를 할 때도 누구나 이럴 수 있다. 나아가 전체 회사도 우왕좌왕과 허겁지겁을 반복하며 바쁘게 움직이긴 하지만 그 길이 목표를 향해 가는 올바른 길인지 확인하지 못하는 경우가 일어난다.

치밀하고 정확한 계산을 위해서는 때론 과감하게 일시 정지해야 한다. 멈춘 상태에서 자신의 현재 위치를 파악하고 가야 할 최종 목적지를 확인하며 지금 있는 자리에서 목적지로 갈 수 있는 가장 좋은 길이 어디인가를 차분하게 살핀 후 경로를 결정해야 한다. 이것이 당장은 갑갑하고 초조할 수 있지만 사실은 가장 빠르고 현명한 방법이다. 회사 역시 지금 가고 있는 길이 맞는 길인지 틀린 길인지, 더 빠른 길을 놔두고 막히는 길로 가면서 서로 짜증을 참고 있는 것은 아닌지, 쾌적하고 편안하게 갈 수 있는 다른 길이 있는데 여전히 울퉁불퉁하고 번잡한 길을 헤매고 있는 것은 아닌지 자주 점검해야 한다.

생각만 하고 실행하지 않는 것보다는 일단 실행이라도 하는 것이 분명히 낫다. 그러나 올바른 길인지 확인하지 않고 출발하거나 실행 과정에서 가고 있는 방향을 점검하지 않는 것은 성실하긴 하나 현명한 것은 아니다.

정교하고 구체적인 전략을 수립하여 체계적으로 실행해야 한다. 성과를 이루기 위한 방법을 곰곰이 궁리한 후 실행을 시작함은 물론 실행의 과정에서도 자신의 길이 올바른 길인지, 더 좋은 경로는 없는지 점검하고 수정하고 보완하며 실행해야 효율적인 행동으로 실패의 가능성을 최대한 줄일 수 있다.

출발하기 전에 어떤 경로가 최적의 경로인지 확인해야 하고, 실행하는 과정에서도 수시로 지금 가고 있는 이 길이 맞는 길인지 살펴야 하며, 목적지에 도착한 후에도 다시 한 번 걸어온 길을 돌아보며 성찰할 수 있어야 한다.

전략에 대한 전략적 이해

전략이란 단어는 군사 분야에서 시작되었지만 지금은 모든 직장에서 수시로 사용하는 단어가 되었다. 그러나 전략이란 말을 많이 쓰지만 전략의 정확한 의미를 분명히 이해하고 이를 바탕으로 최상의 전략을 수립하고 실행하는 회사와 회사원은 그리 많아 보이지 않는다.

전략戰略, strategy은 목표 달성 과정에 가장 강력한 영향을 끼치는 요소를 파악한 후 그 요소를 목표달성을 위해 어떻게 활용할 것인지에 관한 결정이다. 좀 더 구체적으로 회사 차원에서는 어떤 업종에 진출해야 하는지, 어떤 목표고객을 대상으로 할 것인지, 어떤 제품과 서비스를 생산하여 제공해야 하는지, 자신이 보유한 자원을 어떻게 할당해야 하는지 등과 관련된 모든 의사결정이 전략이다.

전략의 진짜 의미

내비게이션은 목적지에 도달할 수 있는 몇 가지 경로를 제시해준다. 그중에 통행료가 비싼 곳도 있고, 길이 좁은 곳도 있다. 빨리가는 것이 가장 중요한 경우라면 이런 변수를 차치하고서라도 가장 빨리 갈 수 있는 길을 선택하지만, 예외의 경우에는 또 다른 변수도 고려해 경로를 선택하게 된다. 어떤 상황이든 목적지로 갈 수 있는 길 중에서 자신에게 가장 적합한 길이 바로 전략이다. 요컨대 전략은 목표로 가는 최상의 길이다.

따라서 전략 수립은 목표를 달성하는데 영향을 주는 변수에는 어떤 것이 있으며 그중에서도 가장 크게 작용하는 변수가 무엇인지 파악하는 일로 시작해야 한다. 선수들의 역량과 컨디션, 상대팀의 전력, 경기장 환경 등 승리라는 목표를 달성하고자 하는 축구감독에게 영향을 주는 변수는 아주 많을 것이다. 감독은 승리를 위해 필요한 모든 변수를 자신의 팀에 유리하게 만들고자 한다. 그러나 제한적인 물리적, 시간적, 인적 자원으로는 모든 변수를 유리하게 만들 수 없기 때문에 여러 변수 중에서 목표 달성에 가장 큰 영향을 주는 것이 무엇인지 파악하여 선택하고 집중해야 한다.

전략의 핵심은 타깃팅이다

전체 결과의 80%가 전체 원인 중의 20%에 의해 일어난다는 '파레토의 법칙'은 전략을 수립할 때에도 고려할 만한 충분한 가치를 지닌다. 목표달성을 위한 과제 중에서 20%가 나머지 80% 과제에 영향을 준다. 따라서 이 20%의 핵심적인 과제를 잘 추려낼 수 있어야 한다. 모든 과제를 같은 수준으로 보면 안 된다. 그 중에서 가장 중요한 20%의 과제에 가용 자원을 집중해야 한다. 그리고 이 타깃팅이 바로 전략의 핵심이다.

개인이든 조직이든 성과에 큰 영향을 주지 않는 업무에 많은 에너지를 소비하는 모습을 어렵지 않게 보게 된다. 이는 전략과는 거리가 먼 행동이다. 전략은 성과를 창출하는데 별 영향을 주지 않는 변수에 힘을 쏟는 어리석음을 피하기 위해 반드시 필요하다. 예컨대 목표 달성을 위해 해결해야 할 과제가 10개 있다면, 그중에서 가장 중요한 2개를 골라내는 것이 전략 수립의 시작이다.

그런데 단순히 해야 할 일을 리스트로 정리하는 것을 전략이라고 생각하는 사람들이 있다. 이는 할 일의 목록일 뿐 전략이 아니다. 또는 통제할 수 없는 변수를 빼곡히 적으며 활용할 수 있는 전략이 별로 없다고 한탄하는 사람들이 있다. 날씨가 좋으면 여행을 갈 텐데 날씨가 좋을지 안 좋을지 모르니 여행계획을 짤 수 없다는 것처럼 말이다. 이와 같은 모습은 전략이 무엇인지, 전략은 결국 선택과 집중이라는 점을 이해하지 못한 결과다.

전략과제에 온 힘을 집중하라

타깃팅을 잘하는 방법, 즉 전략을 잘 수립하는 방법은 한 마디로 전략과제를 정확하게 도출하는 일이다. 전략과제戰略課題, critical success factor는 '성과목표 달성을 위해 우선적으로 실행으로 옮겨야 할 상위 20% 정도의 핵심과제'를 의미한다.

전략과제에 대한 정확한 이해를 바탕으로 목표달성을 위한 전략과제를 올바로 도출하고, 전략과제의 해결을 위해 한정된 자원을 가장 효과적으로 사용할 때 전략은 성공할 수 있고 목표를 달성할 수 있다. 따라서 전략과제의 정확한 도출과 실행은 회사와 개인이 걸어가고 있는 전략이라는 길이 지름길인지, 돌아가는 길인지 확인할 수 있는 가장 중요한 시금석이 된다.

훌륭한 전략가는 목표를 달성하기 위해 반드시 해야 할 타깃을 선택하여 전략에 집중할 줄 아는 사람이다. 전략에서 가장 중요한 일은 두말할 나위 없이 공략할 '타깃'을 설정하는 것이다. 내가 원하는 목표를 달성하기 위해 공략해야 할 대상을 결정하는 것이 무엇보다 우선되어야 한다. 과거 전략의 핵심이 경쟁자를 정하는 것이라는 주장이 있었지만 무한 경쟁에서 단순히 경쟁자를 구분하는 것은 전략으로서의 의미가 크지 않다. 따라서 무엇보다도 목표고객을 정해 고객을 중심으로 전략을 수립하는 것이 핵심이다.

목표로 가는 하이패스 3종 세트

／ 목표로 가는 길인 전략은 무궁무진할 것이다. 상황에 따라, 사람에 따라, 업종과 직종에 따라 수많은 전략이 강구될 수 있다. 그러나 그 중에서도 일반적으로 성공 확률이 높은 전략들은 마치 요리사가 기본 재료를 준비하여 어떤 메뉴를 주문 받든지 써먹는 기본기처럼 유용하게 사용할 수 있다. 목표로 가기 위해 유용한 전략 중 중요한 3가지를 살펴보자.

첫째, 한 놈만 팬다

목표로 가는 첫 번째 하이패스는 핵심 전략과제에 온 힘을 집중하는 '한 놈만 패는' 전략이다.

영화 〈300〉은 기원전 5세기 동양과 서양의 첫 충돌이라고 할 수 있는 페르시아 전쟁 중 스파르타와 페르시아 사이에 벌어진 테르모필레 전투를 배경으로 하고 있다. 당시 2,000만 명이 넘은 인구의 세계 최대 제국 페르시아는 대규모 병력을 충분히 동원할 수 있었던데 반해, 스파르타는 고작 몇 십만의 인구밖에 되지 않는 아주 작은 나라였다. 막강한 군사력을 가진 페르시아는 지중해 연안으로 영토를 계속 확장하기 위해 스파르타에 사신을 보내 물과 땅을 요구하며 항복을 종용한다. 그러나 스파르타의 레오니다스 왕은 페르시아의 사신들을 그 자리에서 죽이고 반대 여론에도 불구하고 스파르타를 지키기 위해 300명의 정예전사들을 모은다.

레오니다스Leonidas, 재위 BC 487~ 480 왕은 적은 병력으로도 대군을 막아낼 수 있는 방법으로 아주 좁은 테르모필레라는 협곡을 전장으로 선택하여 협곡으로 통하는 길에 정예용사 300명을 포진하고 인근에서 직전 전투로 죽은 사람들의 시체와 돌로 벽을 세워 전투를 준비한다. 스파르타로 들어서는 길목에 위치한 이 협곡은 오른쪽으로는 바다가, 왼쪽으로는 험준한 바위산으로 이루어진 절벽이기 때문에 레오니다스는 이 협곡에서의 싸움에서는 '병력의 숫자는 의미가 없다'고 외치며 300명 용사의 사기를 북돋웠다.

해안으로 들어서는 길에 갑자기 들이닥친 해일로 병력에 큰 손실을 본 페르시아의 왕 크세르크세스는 다시 한 번 밀사를 보내 스파르타의 복종을 요구하지만 레오니다스 왕은 밀사의 손목을 자르며 결사항전의 의지를 불태운다. 그리고 스파르타의 300명 전사는 이 전투에서 사력을 다해 싸워 마침내 페르시아의 대군을 막아내는데 성공한다. 고대의 전형적인 전투 장소인 평야에서는 적군보다 병사가 많아야 이길 수 있었다. 그러나 레오니다스는 각 개인이 가지고 있는 전투능력을 승리에 필요한 핵심성공요인으로 보고 병사를 철저하게 훈련시켜고 전투 장소를 평야에서 협곡으로 바꿈으로써 큰 승리를 거두었다.

300명 대 10만 명이라는 비교할 수 없는 전력의 열세에도 불구하고 스파르타가 승리한 이 전투는 전략 수립과 실천에서 공략해야 할 핵심 타깃, 즉 전략과제를 설정하여 맞춤형 실행에 집중할 때 성공의 가능성이 얼마나 높아지는지를 잘 보여주고 있다. 300명의 군사로 10만 대군을 이길 수 있었던 비법은 다름 아닌 적이 생각하고 행동하는 방식을 잘 읽어낸 후 그에 맞춰 자신의 강점을 활용할 수 있는 해법을 찾았기 때문이다.

이것이 바로 영화 〈주유소 습격사건〉의 대사처럼 한 놈만 패는 전략이다. 볼링 선수가 스트라이크를 위해 10개의 핀 모두를 과녁으로 공을 굴리는 것이 아니라 오로지 헤드 핀 하나를 넘어뜨리기 위해 집중하듯, 목표 달성을 위해 반드시 해야 할 일에 한정된 자원을 집중하는 전략이 유용하다.

둘째, 변수 간의 상관관계를 셈한다

목표로 가는 두 번째 하이패스는 다양한 변수들 간의 상관관계를 셈하면서 전략을 수립하는 것이다. 이를 위해서는 먼저 목적을 달성할 수 있는 여러 방법을 나열한 후 각각의 방법을 살펴보면서 불가능한 방법을 제거하고 자신이 가지고 있는 약점을 직시하여 장애요인을 대비하며 가장 잘할 수 있는 방법을 선택해야 한다. 그리고 그 변수들 간의 상관관계를 고려하면서 목적지로 가는 최단, 최적, 최상의 코스를 찾아야 한다. 이를 통해 도달하고자 하는 목적지로 가는 여러 길 중에서 가장 빠르고 안전한 길을 찾아야 한다.

중국 명나라의 명재상 유대하劉大夏(1436~1516)에게 명의 황제 효종은 변방의 양곡과 군비를 관장하는 임무를 맡겼다. 그때 그의 부하들이 유대하에게 말했다.

"북부 지방에서는 권세가의 자식들이 곡식의 절대량을 좌지우지하고 있습니다. 그런데 대감께서는 이런 권세가들과 사이가 좋지 못하지 않습니까? 잘못하면 강직한 성품 때문에 화를 자초하기 쉽습니다. 권력을 쥔 가문의 자식들이 식량 공급을 막아버리면 민심은 금세 동요할 것이고 양곡과 군비의 관리가 어려워질 것입니다."

곡식이 주민과 군인의 생필품임은 물론 가장 중요한 재력의 상징이었던 시대에 시장을 독과점하고 있는 지방 토호세력과의 관계를 원만하게 하라는 조언이었다. 유대하는 부임 직후 먼저 오랫동안 그 지방에 살고 있는 백성들을 모아 그들과 밤낮으로 대책을 연구하였다. 주로 권세가 자식들의 장난질이 일어나는 이유, 그들을 통제할 수 있는 방법, 서민이 위협에 쉽게 노출되는 이유, 서민을 보호할 수 있는 방법 등 복잡한 변수를 함께 고려했다. 이를 통해 전략을 찾은 그는 다음과 같은 내용의 방문을 거리마다 내붙였다.

'관가 창고에 양곡이 모자라 양곡을 매입하고자 한다. 양곡 10섬 이상, 짚 100단 이상을 운반해오면 본 고장은 물론이고 다른 고장의 관리나 백성이나 상인도 관가에 곡식과 짚을 팔 수 있다. 고관대작의 자제들이 이런 일을 해도 금하지 않는다.'

그러자 2달이 못 되어 관아의 창고는 양곡과 짚으로 빼곡하게 찼다. 그 이전에는 양곡은 100섬, 짚은 1,000단을 운반해 와야 관아에서 구매를 해줬기 때문에 보통의 백성들은 시장에 참여할 수 없었다. 그렇게 많은 양의 양곡이나 짚을 운반해올 능력이 없었던 것이다. 오로지 돈이 있는 소수의 권세가 자제만이 국경 지대에 곡식을 가져와 큰돈을 벌었는데 그 이윤이 보통 5배나 되었다.

그러나 유대하가 새로운 규정을 낸 다음에는 일반 민가에서도 자기 힘으로 양곡을 어렵지 않게 운반해 관가에 팔 수 있었고 이로 인해 고관 자제가 민가에서 양곡을 사서 관가에 되파는 일을 근절할 수 있었다. 이에 따라 관가의 창고에는 양식과 군량미가 풍족해졌고 민가도 상당한 득을 보게 되었다. 그의 목적은 '양곡과 군비를 효율적이고 안정적으로 관장하는 일'이었지만 기존의 방식을 그대로 따라간다면 양곡의 매입 가격은 높아지고 백성의 피해도 커질 수밖에 없었다. 그렇다고 갑자기 고관 자제의 참여를 제한하면 거센 반발로 국경 지방이 위험해질 것이 뻔했다.

이때 유대하는 2개 이상의 변수와 목표 간의 상관관계를 면밀히 분석하여 서민도 쉽게 접근할 수 있도록 양곡의 매입 단위를 파격적으로 낮추는 전략을 실행한 것이다. 이로 인해 권세가의 반발을 막으면서도 서민을 보호하는 방법을 실천할 수 있었다.

실제로 회사에서 전략을 수립해야 하는 많은 경우에도 변수들 간의 상충이 비일비재하게 일어난다. 그 변수들의 상관관계를 정확히 짚어내어 상충을 조화와 보완으로 만드는 것이 무엇보다 중요하다.

셋째, 열망하며 실천한다

목표로 가는 세 번째 하이패스는 원하는 성과에 대한 뜨거운 열망을 바탕으로 준비가 조금 부족하더라도 실행에 옮기는 전략이다. CNN, 〈월스트리트저널〉, 〈LA Times〉 등보다 순방문자unique visitors가 월등하게 많은 미국 뉴스 사이트 1위 〈허핑턴포스트〉. 이 회사를 이끌고 있는 아리아나 허핑턴^{Arianna Huffington}의 입지전적인 이야기는 목표로 가는 고속도로 중 하나인 열망하며 실천하는 전략을 잘 보여준다.

그리스 출신인 허핑턴의 본명은 아리아나 스타시노플로스. 그리스 고향 마을에 살고 있던 1960년, 10대 초반의 소녀 아리아나는 한 잡지를 통해 캠브리지대학교의 사진을 처음 보게 되었고 캠브리지에 입학하고 싶다는 생각을 갖게 되었다. 많은 사람들이 철없는 소녀의 로망으로 생각했지만 아리아나의 어머니는 달랐다. 과거의 영광과는 달리 유럽에서 가장 가난한 나라로 쇠락한 그리스에 살고 있지만 딸의 야무진 꿈을 위해 아리아나의 어머니는 가장 먼저 영국으로 가는 비행기 티켓을 구입했다.

경제적인 형편이 여의치 않았기에 직행이면 몇 시간이면 갈 수 있는 거리를 몇 차례의 환승을 거쳐 열 몇 시간이나 걸려야 도착하는 가장 저렴한 항공권을 구입한 아리아나의 어머니는 딸과 함께 영국으로 날아가 딸이 직접 자신의 두 눈으로 캠브리지를 볼 수 있도록 해주었다. 허름한 차림의 모녀가 캠브리지를 돌아보는 내내 비가 내렸다고 한다. 캠브리지 입학에 대한 조언을 해줄 수 있는 사람이나 그곳에 다니고 있는 누군가를 만난 것도 아니었다. 그저 캠브리지를 걷고 또 걸으며 그곳을 걷고 그곳에서 공부하는 것을 상상했을 뿐이다.

짧고 힘든 캠브리지 여행이었지만 집으로 돌아온 허핑턴은 두 눈으로 보고 온 캠브리지에 대한 강한 열망을 더욱 뜨겁게 불태웠다. 그리고 뜨거운 열망을 바탕으로 캠브리지에 들어가기 위한 구체적인 전략을 수립하고 실천하기 시작한다. 캠브리지에서 공부하는 자신의 미래를 즐겁게 상상하며 하루, 한 주, 한 달, 한 해의 전략을 체계적으로 수립하여 이를 실행하기 위해 최선을 다했고, 캠브리지를 활보하는 자신의 모습을 상상하며 현실의 어려움을 극복해갔다. 열망이 실천으로 옮겨지자 허핑턴의 꿈은 뜬구름이 아니라 눈앞의 생생한 현실로 변화하기 시작했다.

강점 활용이 최상의 전략이다

／ 그러나 이와 같은 일반적인 전략이 모든 경우에 맞는 것은 아니다. 사람마다 서로 다른 기질과 특성을 갖고 있기 때문에 일반적인 전략은 말 그대로 일반적인 것일 뿐이다. 예컨대 어떤 사람은 열망이라는 감정적인 접근보다 분석이나 조사와 같은 이성적인 접근이 맞을 수도 있다. 열망이 동기를 부여하는 효과를 줄 수도 있지만 지나친 낙관으로 인해 행동력을 유발하지 못할 수도 있다.

자신과 소속 팀만의 강점을 찾아라

따라서 자신이나 소속 조직의 강점을 최대한 활용할 수 있는 전략을 찾아내어 실천하는 것이 중요하다. 사실 리더의 중요한 역할 중 하나는 구성원이 자신의 강점을 찾아낼 수 있도록 도와 그들의 역량개발을 돕는 것이다. CEO 역시 그 팀이, 그 직원이 잘 알지 못하는 강점을 짚어낼 수 있어야 한다. 이를 통해 잘 알지 못했던 잠재력을 극대화할 수 있도록 도울 때 회사는 자연스럽게 성장할 수 있다.

강점을 활용하는 전략을 위해서는 먼저 자신의 강점을 발견해야 한다. 마커스 버킹엄과 도날드 크리프턴의 공저 《강점 혁명》에서는 강점을 찾아내는데 필요한 도구를 재능과 능력을 구별하는 일, 재능을 알아내는 일, 재능을 말로 표현하는 일로 구분하여 제시하고 있다.

강점을 찾아내는 3가지 방법

강점을 찾아내기 위해 첫 번째 해야 할 일은 타고난 '재능'과 학습을 통해 얻은 '능력'을 구별하는 것이다. 강점을 항상 완벽에 가까운 성과를 낼 수 있는 능력이라고 정의한다면 연습과 훈련을 통해 모든 능력을 낮게 만들 수 있을 것이다. 그러나 많은 경우 어떤 일을 하는데 있어 차별화된 강점을 발휘하기 위해서는 능력

수준을 능가하는 천부적인 재능이 요구된다.

강점은 지식, 기술, 재능이라는 3가지 요소가 조합이 되어 만들어진다. 지식은 학습과 경험을 통해 얻은 진리와 교훈이다. 기술은 활동의 단계에서 발휘되는 것이다. 그런데 재능은 무의식적으로 반복되는 사고와 감정과 행동이라고 할 수 있다. 강점을 위해서는 지식과 기술도 필요하지만 가장 중요한 것은 재능이다. 그리고 재능은 타고나는 것이다. 따라서 진정한 강점을 구축하기 위해서는 지식과 기술을 연마하는 일과 함께 이것과 구분되는 자신이 가지고 있는 가장 뛰어난 재능을 발견하고 지식과 기술을 통해 재능을 다듬어나가야 한다.

자신만의 강점을 갖기 위해 필요한 두 번째 도구는 빼어난 재능을 알아내는 시스템이다. 재능을 발견하는 한 가지 확실한 방법은 뒤로 한 발 물러나서 자신을 바라보는 것이다. 남들도 다 가지고 있는 것을 자신만의 재능으로 생각하거나 남들에게는 없는 재능을 가지고 있음에도 불구하고 남들도 다 가지고 있을 것이라고 생각하는 일은 모두 불행한 일이다. 자신만의 강점을 갖기 위해서는 외부 시스템을 활용하거나 내부적인 구조를 강구함으로써 객관적인 자세로 자신의 재능을 면밀히 검토해야 한다. 재능을 알아낼 수 있어야 자신만의 강점을 찾아내고 발전시킬 수 있다.

자신만의 강점을 발굴하기 위해 필요한 세 번째 도구는 재능을 묘사하는 공통적인 언어를 갖는 것이다. 나 자신이 다른 사람과 어떻게 다른지, 다른 사람에게는 없는 나만의 강점이 무엇인지 그 미묘한 차이를 구체적인 말로 묘사할 수 있어야 한다. 우울증 이나 히스테리, 정신분열증 등과 같이 인간의 약점을 표현하는 언어는 매우 풍부하고 다양한 반면 강점에 관한 언어는 빈약하다 고 한다.

재능과 능력을 구분하고 자신만의 재능을 알아냈다면 그 재능 이 응집된 결과인 자신만의 강점을 구체적이고 생생한 말로 표현 할 수 있어야 한다. 표현될 때 사랑의 열매가 맺어지듯 표현할 수 있을 때 강점은 실체가 되어 최적의 전략을 수립하는데 결정적 기여를 하게 된다.

새로운 전략으로 새로운 가치를 만들어내라

무에서 유를 창조한다는 말이 있다. 뼈를 깎아내는 노력을 통해 아무런 생명도 살지 못하던 황무지를 오곡백과가 풍성하게 자라 는 옥토로 개간한 강인한 농부의 미담, 아무런 기술이나 자본도 없이 맨손으로 시작했으나 기어코 세계 최고의 회사를 만든 기업 가의 성공신화와 같이, 가능성이라고는 거의 찾아볼 수 없는 일 에 도전하여 훌륭한 업적을 이룩한 사람들을 이야기할 때 흔히 무에서 유를 창조했다고 한다.

그러나 사실 이런 거창한 이야기가 아니더라도 창조라는 것 자체는 없던 것을 만들어내는 것을 말한다. 사랑하는 남녀가 결혼을 해서 아기를 낳는다. 전에는 없던無 새로운 생명이 생긴有 것이다. 어머니가 사랑하는 딸을 위해 밤잠을 설쳐가며 예쁜 스웨터를 뜬다. 얼마 전까지 없었던 옷이 새롭게 생겨났고 그 스웨터를 입은 딸은 따뜻함이라는 새로운 가치를 누린다.

새로운 전략 역시 체계적으로 실행될 때 새로운 가치를 만들어낸다. 왜 일을 해야 하는가의 물음을 통해 구체적으로 세운 목표를 달성하기 위해 반드시 해야 할 일을 타깃팅하고 자신만의 강점을 활용해 최적의 전략을 실천함으로써 이전에는 세상에 존재하지 않았던 새로운 가치를 만들어낸다.

새로운 전략이 만들어내는 새로운 가치는 전략을 실행하는 팀이나 개인이 가지고 있는 특성의 조화를 통해 얻어내는 결과물이다. 동시에 이 새로운 가치는 결국 가치를 만들어낸 사람의 가장 큰 특징이자 다른 사람들과 구별되는 단초가 된다. 새로운 전략은 새로운 가치를 만들어낸다. 나아가 만들어낸 새로운 가치는 또 다른 일의 신선한 자극이 된다.

PART 3

CEO처럼
해결하라

경기 내내 상대팀에게 끌려가며 고전을 면하지 못하고 있는
야구팀. 안타 수는 4대 6으로 도리어 많지만 스코어는 3대 1로
뒤지고 있다. 오늘 경기는 지겠구나 체념하던 8회말. 팀은 2사
후이지만 몸에 맞는 볼과 볼넷, 그리고 상대 수비의 실책으로
만루의 기회를 잡았다.

감독은 오늘 안타가 한 개도 없는 타자 대신 허리 부상으로
3주간 타석에 들어서지 못했던 선수를 과감하게 대타로
기용한다. 이 선수의 큰 한 방으로 대타 작전은 보기 좋게
성공할 것인가? 중요한 순간에 꼭 필요한 한 방을 쳐주는 선수가
있다. 필요한 상황에 필요한 플레이를 해주는 이런 선수를 흔히
해결사라고 부른다. 직장인의 진짜 멋진 모습도 해결사다.

아이디어가 고갈되어 모두가 지쳐갈 때 청량제의 역할을 해주는
해결사, 신규고객사에 지인이 아무도 없어 영업이 어려울 때
새로운 선을 찾아내는 해결사, 좀처럼 일이 풀리지 않아 난감할
때 숨통을 열어주는 해결사야말로 직급이 무엇이든 CEO처럼
멋진 인물임에 틀림없다.

내 인생의 CEO가 되기 위해서는 한 방이 필요할 때 그 한 방을
쳐줄 수 있어야 한다. CEO처럼 해결하기 위해서는 내공과
실력, 정신력과 의지라는 두 요소가 모두 필요하다. 할 수는
있는데 하고 싶지 않다거나 하고는 싶은데 할 능력이 없다면
해결사가 될 수 없다. 할 수 있는 실력과 하겠다는 의지가
있어야 유능한 CEO처럼 멋진 해결사가 될 수 있다.

안 될 이유와 될 방법 중
무엇을 먼저 찾는가?

오늘 아침은 주간회의가 있는 날이다. 허 대리는 평소처럼 주간
회의에 참석을 했다. 오늘의 주제는 그동안의 영업실적에 대해
분석하고 고객에게 어떻게 접근할 것인지, 그리고 목표는 어떻게
가져갈 것인지에 대해 논의하는 것이다.

팀장은 그동안 이룬 성과를 공유한 후 앞으로 어떻게 할 것인
지에 대한 토의를 진행하고 있다. 팀원들이 한 사람씩 의견을 제
시하고 이에 대해 자유롭게 논의하고 있다.

에이, 그건 안 되는 건데요

항상 열정적인 김 과장은 매출을 올리기 위해서는 새로운 프로모션 방식이 필요하며, 이를 위해 SNS를 통한 바이럴 마케팅을 제안했다. 가만히 있던 허 대리는 자기도 모르게 "과장님, 그건 안 되는 건데요"라고 시큰둥하게 한 마디 했다. 모두의 시선이 허 대리에게 쏠리자, 당황한 허 대리는 "그건 예전에도 해봤는데 별로 효과가 없었어요. 왜냐하면~ "이라며 그 이유를 부연해서 설명했다.

기분 나쁜 표정을 애써 숨기며 김 과장은 허 대리에게 "예전엔 왜 효과가 없었지? 그렇다면 효과를 개선할 방법은 무엇일까?" 하고 물었다. 허 대리는 왜 안 되었던 것인지, 어떻게 하면 잘 될 수 있는지에 대해서는 미처 생각해보지 않았다.

나폴레옹은 내 사전에 불가능이란 없다는 말을 남겼다. 단순히 그 말 자체만 가지고 보면 합리적이지 않다는 생각이 들 수도 있다. 사람이 살아가는 데 있어서 모든 것이 항상 가능한 것은 아니기 때문이다. 하지만 이 말이 유명한 이유는 이 말을 한 나폴레옹이 실제로 불가능한 상황에서도 이를 극복하려고 노력했기 때문일 것이다.

가끔 어떤 회사나 팀에서는 불가능한 것이 매우 많을 때가 있다. 이것은 이래서 안 되고 저건 저래서 안 되고. 이런저런 안 되는 이유들을 치열하게 토의하느라 소중한 시간을 소진해버리고 만다. 그러나 안 되는 이유를 찾는 것보다 해결할 수 있는 방법을 찾는 것이 더 생산적이지 않을까?

회사의 모든 일은 성과라는 결과물을 만들어낼 때 의미가 있다. 일을 통해서 만들어내는 성과는 그 일을 하는 사람들이 일을 어떻게 보는가에 따라서 달라질 수 있다. 안 된다고 하면 정말 되는 것을 찾아낼 수 없을 것이다.

탁월한 CEO라면 어떻게 할까? 이것도 안 되고 저것도 안 되고 안 되는 것들만 머릿속에 죽 나열하고 있을까? 아니다. 어떻게든 회사의 성장과 생존을 위해서 할 수 있는 것들, 될 수 있는 것들을 찾아내려고 할 것이다. 회사에서 함께 일을 한다는 것은 공동의 목표를 위해 자신의 영역에서 할 수 있는 일, 해야 할 일들을 해나가는 것을 의미한다. 나아가 안 되는 일을 하는 것이 아니라 반드시 일을 해내기 위해서 각자의 역할이 있다는 것을 의미한다.

생각의 방향을 바꾸자

／ 중국에서 발명된 나침반은 아라비아를 거쳐 유럽으로 전해졌는데 금세 항해기술에 있어서 매우 중요한 도구가 되었다. 나침

반으로 배의 현재 위치나 나아가야 할 방향을 측정하고 예측할 수 있기 때문이다. 어디로 간다는 것은 현재의 위치를 알고, 앞으로 진행해야 할 방향에 대한 결정이 필요한 활동이다.

모든 일에는 나아가야 할 방향이 있기에, 방향은 반드시 결정해야 한다.

어리석은 사람은 안 될 이유를 먼저 찾는다

목적지가 있어도 방향을 잘못 잡으면 목적지에 도착하지 못한다. 설령 목적지에 도착한다 하더라도 오랜 시간이 걸릴 것이다.

일도 마찬가지다. 명확한 방향이 없으면 여기저기로 왔다 갔다 하며 표류하게 된다. 일을 할 때도 방향은 매우 중요하다. 방향성이란 일을 하는 개인에게도 중요한 요소다. 같은 일이더라도 사람마다 다르게 생각할 것이다. 어떤 사람은 일에 대해서 원인을 먼저 분석하고, 어떤 사람은 방법을 먼저 떠올린다. 또 어떤 사람은 그 일을 해야 하는 목적을, 어떤 사람은 그것이 안 되는 이유를 먼저 생각하기도 한다.

똑같은 상황, 똑같은 일이라도 그 일에 대한 생각의 방향은 사람마다 다를 것이다. 긍정적인 방향 또는 부정적인 방향, 해결이 가능하다는 생각 또는 불가능하다는 생각 등 사람마다 생각은 다르다.

그렇다면 조직은 어떤 사람들을 선호할까? 어떤 사람들이 인정을 받을 수 있을까? 업무를 진행할 때 안 되는 이유를 늘어놓는 사람과 해볼 만하다는 사람 중 회사가 원하는 사람은 누구일까?

분명히 일을 잘하는 사람은 일이 안 되는 이유만 찾지 않는다. 나아가 그 일을 남이 아닌 자신의 일로 만들고자 한다. 일에 대한 '생각의 방향'은 매우 중요한 문제다. 어느 쪽으로 생각하는가에 따라서 자신의 일에 대한 경험, 도전의 기회와 역량 개발의 정도가 달라질 수 있다. 또한 조직 내에서 자신의 평가도 달라질 것이다. CEO와 같은 해결사가 되기 위해서는 일에 있어서 안 되는 이유를 먼저 대지 않아야 한다. 어떻게든 해보겠다, 그리고 해결하겠다고 자신 있게 말할 수 있어야 한다.

안 될 이유보단 해결의 방향을 생각하라

직장인들은 회사에서 다양한 일을 경험하게 된다. 그 일들 중에는 어려운 일도 있고, 어느 누구도 하고 싶어하지 않는 일도 있다. 이와 같은 일이 주는 효용은 단순히 경제적인 이익에 국한되지 않는다. 일을 통해서 개인은 다양한 경험을 축적하고, 경험을 통해 학습하고 자신의 역량을 개발한다.

만약 자신의 역량이나 수준에 비해 어려운 일을 맡게 된다면 어떤 생각을 하게 될까? 어떤 사람은 '왜 이 일을 나한테 맡긴 거지? 다른 사람이 해야 하는 것 아냐?' 하고 생각할 것이다. 그리고 일의 수행과 해결이 힘들 것 같다는 생각에 안 될 이유를 먼저 떠올릴 것이다. 그러나 또 다른 사람은 '그래도 해볼 만하겠는데… 새로운 기회인 것 같아. 어렵지만 좀 더 고민하고 노력하면 할 수 있어' 라고 생각할 것이다.

이 두 사람의 차이는 바로 생각의 방향이다. 나아가 생각의 방향 차이는 각 개인의 경험의 차이, 학습의 차이, 그리고 역량 개발의 차이로 확장된다. 이런 차이가 오래되면 두 사람의 경험과 역량의 차이는 점점 더 벌어질 것이다.

회사로 모여 일하는 이유 중 하나는 함께 생존하고 성장하기 위해서다. 그런데 일을 대함에 있어서 어떻게 생각하는가, 그리고 어떤 자세로 임하는가에 따라 생존과 성장이라는 목적의 달성 여부는 달라질 것이다. 일이란 안 되는 이유보단 해결을 위한 방법을 함께 찾아가는 과정이다. 비록 그것을 수행함에 있어서 장애물이 생길 수도 있다. 하지만 시작하지도 못하거나 아예 시도조차 하지 않는다면 아무것도 할 수 없다.

일에 대한 수많은 시도와 지속적인 도전은 개인과 조직의 역량을 성장시킨다. 역량을 키우려면 필수적으로 일에 대한 경험을 늘려야 한다. 그리고 무엇보다 일을 바라보는 생각을 올바른 방향으로 잡고 유지해야 한다.

차근차근 하나씩 풀어가자

／ 회사에서 일을 하다 보면 신입사원과 베테랑 선배 사이에는 분명히 차이가 난다. 우선 선배에 비해 신입들은 시간이 오래 걸린다. 또한 시간이 충분히 주어졌음에도 불구하고 만들어낸 결과물이 만족스럽지 못한 경우가 많다. 그 이유는 무엇일까? 단순히 익숙함의 차이 때문일까? 아니면 일을 하는 역량의 차이일까?

일을 좀 더 세밀하게 나누어라

물론 숙련도와 역량도 결과물의 품질을 다르게 만드는 이유 중 하나일 것이다. 그러나 다른 관점에서 보면 일의 성격이 어떻고, 일이 어떻게 구성되어 있는지를 아느냐 모르느냐, 이에 따라 해야 할 일을 보다 세부적으로 알고 했는지 모르고 했는지의 차이도 원인일 것이다.

단어 그 자체로는 한 개로 볼 수 있는 일이라고 해도 성격과 내용에 따라서 일을 수행하는 과정은 매우 다양한 구분이 가능하다. 어떤 일은 바로 실행해서 곧바로 해결할 수 있지만, 어떤 일은 더 많은 자료와 정보에 근거해서 해결방안을 마련해야 할 때도 있다. 하나의 일도 자세히 보면 여러 단위의 과업이 있고, 각 과업별로 반드시 해야 할 활동들로 구성되어 있다. 이와 같이 일을 세분화하고 정리해서 빠짐없이 하는 것이 바로 일을 잘하는 방법이다. 복잡하고 다양한 일들을 잘해내려면 일의 속성에 대해 좀 더 세밀하게 이해하고, 이를 바탕으로 일을 순차적으로 수행할 수 있어야 한다.

일의 순서를 하나씩 그려보라

여러 명의 셰프들이 나와서 한정된 짧은 시간 동안 지정한 요리를 만들어내는 방송 프로그램이 있다. 이 프로그램 속의 요리사들은 정말 신기하게도 매우 짧은 시간 안에 맛있는 요리를 뚝딱 만들어낸다. 물론 오랜 시간 동안 그 일을 해 숙련도가 높기 때문에 가능한 일일 것이다. 이는 일류 요리사들은 요리를 완성하기 위해 자신이 해야 할 여러 가지 일을 각 단계에 따라 정확히 기억하고 이를 효과적으로 배분할 수 있기 때문에 짧은 시간에 훌륭한 요리를 만드는 일을 해내는 것이다.

회사에서 이뤄지는 일도 마찬가지다. 같은 일이라도 사람마다 순서와 절차를 다르게 구성하고 배열할 수 있다. 어떤 사람은 A라는 일을 먼저하고 다음에 B, C, D의 순으로 진행해서 완료하는 반면, 또 다른 사람은 A와 B를 동시에 진행한 후 C와 D를 한꺼번에 처리할 수도 있다. 이처럼 공정의 앞뒤는 다를지언정 어떤 일이든 반드시 순서를 정해서 실행해야 한다. 제한된 시간 내에 좀 더 효율적으로 일하기 위해서는 순서를 정하는 것이 매우 효과적이기 때문이다. 혼자서 하는 일이나 여러 명이 함께 하는 일이나 모두 순서가 필요하다. 시간을 효율적으로 활용하여 주어진 시간 내에 임무를 완수하기 위해서도 스스로 계획하고 정리해야 한다. 더욱이 회사에서 좀 더 큰 단위의 일을 수행하거나 여러 사람들과 함께 일을 할 때에는 일의 순서가 더욱 중요해진다.

일을 잘한다는 것은 일의 순서를 잘 안다는 것이다. 따라서 CEO처럼 해결하기 위해서는 항상 자신의 머릿속에 일의 순서를 그려가며 일을 잘하는 방법을 익혀야 한다.

더 나은 방법을 찾아내자

／ 최근 한 설문조사 결과에 따르면 '가장 어이없는 신입사원' 1위는 시키는 일만 하는 '나몰라라형(25.7%)'이고, 2위는 지각해놓고 미안한 기색 없는 '뻔뻔형(18.6%)'이라고 한다. 그 외에 자기 일만 끝나면 퇴근하는 '칼퇴근형(6.4%)'도 3위를 차지했다.

더 나은 방법을 생각하라

칼퇴근. 물론 신입사원의 입장에서 칼퇴근은 자신에게 주어진 일을 다 끝내고 하는 '정시퇴근' 일 수 있다. 하지만 선배의 눈엔 일도 제대로 끝내지 못했으면서 퇴근시간만 정확히 지키는 '칼퇴근' 으로 볼 수 있다.

더군다나 자신을 제외한 다른 사람에 대한 배려가 부족한 개인주의자로 볼 수도 있다. 심지어 퇴근을 하기 위해 출근을 하는 사원으로 낙인찍을 수도 있다.

어떤 일이든 정해진 시간 내에 완료하는 것이 중요하다. 하지만 이와 같은 시한보다 더 중요한 것은 그 일의 완성도, 즉 좀 더 나은 품질의 결과물이다. 이는 단순히 일을 기계적으로 수행하는 수준이 아니라, 그 일에 대해 다양한 관점에서 고민하고 더 나은 방법을 찾아내어 그 일의 가치를 높이는 수준까지 기대한다는 의미다.

이와 같이 일을 보다 가치 있게 만든다는 것은 기존의 방식이나 방법을 관습적으로 따라하거나 베끼는 것을 의미하지 않는다. 일의 본질에 대해 보다 깊이 생각하고 자신만의 해결방법이나 아이디어를 담는 것을 뜻한다. 일을 잘한다는 것은 단순한 처리가 아니라 더 나은 해결방법을 찾는 과정이다. 따라서 더 나은 성과를 만들기 위한 노력은 언제나 반드시 필요하다.

결과를 상상하라

르네상스 시대를 대표하는 이탈리아의 미술가이자 과학자인 레오나르도 다빈치는 수많은 명작을 남겼다. 다빈치는 자신의 여러 생각들을 스케치로 남겼는데, 그중에는 오랜 시간이 지난 현대에 이르러서야 발명이 이뤄져 지금까지 활용되는 것도 있다. 그중 하나가 헬리콥터의 주요 작동원리인 프로펠러다.

비단 다빈치뿐만 아니라 미술이나 건축, 산업 등 수많은 분야에서 생각을 정리하는 도구로서 스케치가 애용되고 있다. 몇 백 년 전이나 지금이나 스케치라는 방법이 생각을 정리하는 도구로 애용되는 이유는 스케치가 다른 방법보다 자신이 만들려는 최종적인 결과물을 상상하고 이를 구체적으로 그려내어 오랜 기간의 작업을 헛되지 않게 만드는데 매우 유용하기 때문일 것이다.

만약 스케치라는 작업을 하지 않고 곧바로 그림을 그리거나 조각을 새긴다면 그림이나 조각을 완성한 다음 이를 부숴버리는 일이 많이 생길 것 같다.

스케치는 업무를 수행하는 과정에서도 반드시 필요하다. 일을 수행함에 있어서 자신이 만들고자 하는 결과에 대해 아무런 밑그림도 없이 바로 컴퓨터 앞에 달려가서 키보드를 치는 사람은 없을 것이다. 항상 일을 할 때는 자신이 어떤 일을 해야 하는지, 어떤 결과물을 만들어야 하는지를 먼저 생각해야 한다. 이는 자신에게 주어진 일을 효과적으로 한다는 측면은 물론 원하는 결과물을 주어진 시간 내에 만들어낸다는 측면에서도 필요하다. 나아가 스케치를 먼저 그림으로써 안 될 이유에 대한 두려움을 이겨내고, 할 수 있는 방법에 대한 몰입과 자신감을 갖게 되는 점도 스케치가 갖고 있는 강력한 힘이다.

Question 12

우리는 소통의 난제를
잘 풀고 있는가?

"김 대리, 지난주에 부탁한 기획안 다 됐어?"

아침부터 조 팀장은 다급하게 김 대리를 찾는다. 하지만 김 대리의 표정은 그다지 밝지가 않다. 다소 불안한 표정으로 김 대리는 말을 한다.

무슨 생각을 하고 있는지 알 수가 있어야지

"네. 금방 가져가겠습니다."

그리고 김 대리는 준비가 덜 되었는지 이제야 컴퓨터에서 문서 파일을 열고 출력을 한다. 프린터 앞에서 한참을 서 있던 김 대리는 팀장에게 막 출력한 문서를 건넨다.

"이건 내가 지시한 게 아닌데? 대체 김 대리는 무슨 생각으로 일을 하는 거야? 오전에 바로 상무님 보고 드리고 회의에서 발표를 해야 하는데… 참 답답한 사람일세."

평소 화를 잘 내지 않는 조 팀장이 오늘은 유독 강한 어조로 말을 한다. 그 앞에서 아무런 변명도 하지 못하고 김 대리는 고개만 떨구고 있다.

회사에서 일을 하다 보면 가끔 이런 장면을 보게 된다. 왜 이런 일들이 발생하는 걸까? 앞의 상황은 조 팀장과 김 대리라는 두 사람의 이야기이지만, 조금 더 크게는 팀과 팀 사이에, 또는 일을 하는 여러 주체들 사이에서도 자주 나타나는 소통장애의 현상이다.

일을 잘 하기 위해서는 자신의 업무와 관계된 다양한 이해관계자들과 명확하고 분명하게 소통할 수 있어야 한다. 일은 결코 혼자서 할 수 없으며, 다른 사람들과 교류하고 더 많은 사람들에게 도움을 받아야 탁월한 성과를 이끌어낼 수 있기 때문이다.

많은 기업들은 소통의 중요성을 이야기하며 조직 내의 소통을 활성화하기 위해 노력하고 있다. 원활한 소통을 통해 효율성을 높이고 효과성을 제고해 기업의 경쟁력을 높이기 위해서다. 원활한 소통은 성과 중심의 건강한 조직문화를 만드는 데 많은 도움이 된다. 따라서 소통의 중요성은 아무리 강조해도 지나침이 없다. 그러나 현실의 많은 회사는 소통을 힘들어한다.

만약 당신이 회사의 CEO라면 어떤 모습으로 소통하는 조직을 만들고 싶은가? 조금씩 차이가 있겠지만 아마도 모두가 조 팀장과 김 대리처럼 손발이 맞지 않는 업무수행으로 서로 불편해하는 모습은 없었으면 좋겠다고 생각할 것이다. 거꾸로 일에 대한 각자의 생각을 좀 더 자유롭게 이야기하고 자신의 임무와 역할에 대해 적극적으로 이야기함으로써 공동의 문제를 함께 해결하는 역동적인 소통 문화를 원할 것이다.

소통은 처음에는 조 팀장과 김 대리의 사건처럼 개인적인 문제로 보인다. 그러나 소통의 문제는 단지 조직 구성원 간의 문제가 아니다. 소통 문제의 해결은 일을 더욱 잘하기 위해, 더 많은 사람들과 함께 일하기 위해, 즐겁고 흐뭇한 회사를 만들기 위해 조직 차원의 노력이 필요하다.

일은 혼자서 해결할 수 없다

/ 회사에서는 혼자서 할 수 있는 일도, 혼자서 하는 것도 거의 없다. 대부분의 일들은 상사에게 지시를 받아 그 일의 수행 결과

를 보고하고, 다른 동료나 다른 부서와 의논을 하며, 협력업체와 협의를 하면서 진행된다. 이처럼 다양한 주체와 일하기 때문에 일의 대부분은 다른 사람들과의 소통으로 이뤄진다.

사람들은 보통 자신에게 어떤 문제가 생기면 그 문제를 풀기 위해 가까운 사람을 만나 상의를 하거나 자신이 겪고 있는 문제와 비슷한 경험을 한 사람에게 조언을 구한다. 때로는 문제와 관련된 전문지식을 가진 사람을 만나기도 한다. 이처럼 문제를 푸는 과정에서도 여러 사람을 만나 다양한 노력을 하게 된다.

소통 없이 해결 없다

일도 마찬가지다. 일을 하다 보면 미리 경험하거나 예측하지 못한 것들을 다루기도 하고, 수많은 경우의 수를 고려하여야 할 때가 있다.

이때 자기 혼자서만 그 일에 대해 생각하고 정리하는 경우는 거의 없다. 일이 이뤄지는 과정에서 자신의 경험과 지식만으로는 해결할 수 없을 때가 많기 때문에 다양한 사람들을 만나 의견을 묻고 조언을 구하게 된다. 나아가 일이 진행되는 과정에서도 자신의 의견과 구상에 대한 다른 사람들의 생각과 검증을 요청하게 된다.

뿐만 아니라 일을 지시한 상사에게 진행과정은 물론 여러 이해

관계자들의 의견, 자신의 생각과 해결방법 등을 덧붙여 중간 보고를 할 것이다.

이처럼 일을 하는 과정에서 다양한 사람들과 소통을 하는 것은 일의 완성도를 높이고 자신에게 주어진 일을 해결하기 위해서 반드시 필요한 과정이다. 일이란 소통의 연속이다. 따라서 소통 없는 일, 소통 없는 문제해결은 있을 수 없다. 소통만이 문제를 해결할 수 있는 유일한 방법이다.

원인이 아닌 방법을 소통하라

이와 같은 소통에 있어서 가장 중요한 것은 '해결'을 위한 소통이어야 한다는 것이다. 우리가 흔히 쓰는 단어 중에 '때문에'라는 단어가 있다. 이 '때문에'는 어떤 말과 함께 쓰이는가에 따라 활용도가 달라진다. 만일 어느 가요의 제목처럼 '사랑했기 때문에'라고 한다면, '때문에'란 단어는 그 자체로 아름답고 가슴시린 느낌이 든다. 하지만 이와는 반대로 좋지 않은 상황에서 '이 모든 것이 너 때문에'라고 한다면 이는 매우 부정적이고 공격적인 느낌이 된다.

일을 하다 보면 간혹 해결하고자 하는 본질을 잊어버린 채 그 일의 현상이나 문제의 원인에만 매달려 일을 진척시키지 못할 때가 있다. 심지어는 문제와 관련 없는 것들을 놓고 소통을 하는 일도 벌어진다. 이것은 '누구누구 때문에 안 된다', '이것은 무엇무엇 때문에 어려울 것이다'와 같이 원인 그 자체에만 매여 있을 때도 있다. 어떤 경우에는 원인을 명확히 파악하고 그 이유를 분석하는 일도 필요하다. 하지만 대부분의 경우 중요한 것은 원인이 아니라 해결 방법을 찾는 것이다.

따라서 해결을 위한 소통에 집중해야 한다. 일이란 현재를 위해서 존재하는 것이 아니라 미래를 위해서 수행하는 활동이다. 따라서 과거나 현재의 원인이 아니라 미래의 해결방법을 중심으로 소통하는 것이 보다 현명한 일이다.

소통을 위한 단계를 설정하라

／ 소통은 단순히 이야기하는 것을 의미하지는 않는다.

모든 일의 목적과 목표가 분명해야 하듯, 일을 위한 소통 역시 목적과 목표가 분명해야 한다. 목적이나 목표가 불분명한 상태로 이뤄지는 소통은 아무런 진전도 없이 무의미한 과정이 반복되는 경우가 많다.

소통의 목적과 목표를 명확히 하라

회사에서 이뤄지는 소통의 가장 전형적인 방식이 바로 회의다.

아침 일찍부터 시작된 긴급회의, 비상회의, 마라톤회의에다 팀회의, 주간회의 등 무수히 많은 회의가 있다. 하지만 많은 직장인들은 일에 대한 소통을 위해 실행하는 회의會議가 정말 회의懷疑적이라고 말한다. 왜 수많은 회의들은 회의적이고 비생산적이며 다양한 소통의 노력은 아쉽고 찜찜한 걸까?

한때 기업에서는 회의문화를 개선하기 위해 많은 노력을 기울였다. 사내 모든 회의실을 예약제로 운영하기도 하고, 회의실에 모래시계를 비치해 회의시간의 불필요한 연장을 막기 위해 노력하기도 했다. 또한 회의의 기본 규칙Ground Rule을 정해 큼지막한 글씨로 벽에 붙여 두기도 하고, 모든 회의 참가자들에게 회의규칙 카드를 만들어서 나눠주기도 했다.

이와 같이 회의와 관련된 외형적인 변화는 물론 내면적인 혁신을 위한 시도를 많이 했음에도 불구하고 회의가 정말 좋게 바뀌었다고 말하는 회사는 많지 않다. 왜냐하면 회의의 겉모습을 바꾸는 데는 성공했을지 몰라도 회의의 본질을 바꾸지는 못했기 때문이다.

GE는 회의문화를 실질적으로 바꾸기 위해 수없이 노력했다. 그 결과 타운 미팅, 워크아웃처럼 다른 기업에서도 배우고자 하는 그들만의 시스템을 만들어낼 수 있었다. 그러나 GE 역시 처음부터 모든 회의가 효과적이지는 않았다. 잭 웰치 회장이 처음 부임했을 당시, GE의 경영위원회에는 임원뿐만 아니라 실무진들까지 모두 참석해 회의실 자리가 항상 부족했다고 한다. 하지만 당시 회의 시간의 모습은 한 번도 보지 않은 자료를 회의가 시작된 후에야 보기 시작하는 임원과 그 임원에게 질문과 관련된 자료를 제공하기 위해 진땀을 빼는 실무진뿐이었다. 회의에 꼭 필요한 사람만 참석하는 것도 아니었고 회의를 준비하는 사람도 없었던 것이다.

GE는 이와 같은 답답한 회의 문화를 개선하기 위해 무엇보다 사전에 회의를 준비하게 하고, 반드시 필요한 사람만 회의에 참석할 수 있도록 했다. 이처럼 반드시 회의에 참석해야 하는 사람들이 사전에 충분히 준비한 다음 모이게 되자 회의다운 회의를 할 수 있었다.

회사에서 소통을 할 때도 항상 본질에 충실해야 한다. 소통을 하는 목적에 집중하고, 소통의 목표에 몰입해야 한다. 그것이 회의다운 회의, 나아가 원활한 소통을 위한 지름길이 된다.

소통에도 기준이 필요하다

그렇다면 소통은 많이 할수록 좋은 것일까? 다다익선多多益善의 논리는 소통에도 통하는 걸까?

일을 한다는 것은 목표를 달성하기 위한 과정인데 이 과정에서는 반드시 효율성과 효과성을 고려해야 한다. 소통 역시 일을 하기 위한 하나의 활동이므로 효율적이며 효과적이어야 한다. 따라서 소통의 과정에서는 목표를 이루기 위해 가장 중요한 것, 덜 중요한 것, 고려하지 않아도 될 것 등의 기준으로 내용과 방법을 나누어 생각해야 한다. 요컨대 소통에도 어느 정도의 기준은 필요하며 많이 소통한다고 무조건 좋은 것은 아니다. 소통의 당사자들은 소통이 이 기준을 충족할 수 있도록 서로 조정하고 협력해야 한다.

만약 프로젝트 진행 중 하나의 회의 목표를 '참여하는 주체와 프로젝트의 전반적 방향과 주요 일정에 대해 공유하는 것'으로 정했다면, 이 목표와 관련된 큰 틀과 향후 프로젝트 진행을 위한 기본 원칙 등에만 회의를 집중하고 세부적이고 구체적인 내용은 다음 회의에서 논의하는 것이 바람직하다.

또한 소통할 때는 가급적 단계나 주기와 같은 기준에 대해서도 명확히 해야 한다. 일과 관련된 주체들이 동일하게 진척사항을 공유하고 진행과정에서 발생할 수 있는 주요 이슈나 문제를 효과적으로 해결하기 위한 정기 회의와 미팅, 그리고 주기 등을 설정하는 것이 좋다. 일상 업무에서도 이와 같은 기준과 단계를 생각하고 소통할 필요가 있다. 자신에게 주어진 일을 수행하는 과정에서도 바로 위 상급자와 소통할 것과 지시를 한 상사와 소통할 것은 분명히 구분해야 한다.

또한 과정이 아닌 결과만을 놓고 소통하거나 예방이 아닌 해결책만을 위해 소통하는 것은 올바른 방법이 아님을 잊지 말아야 한다.

기대효과를 이야기하라

간혹 분명히 내 일이지만 이걸 왜 해야 하는지 의문이 들 때가 있다. 비슷하게 아무런 배경 설명도 없이 아주 간단한 지시만 듣거나 또는 "이거 해"라는 짧은 부탁에 따라 업무를 수행한 경험 역시 한두 번 씩은 있을 것이다.

이런 경우 당신은 어떤 생각을 하게 되는가? 또 일을 하면서 어떤 느낌을 받았는가?

반드시 이유를 설명하라

물론 나중에라도 일을 지시한 상사에게 묻거나 그 일과 관련되어 가장 잘 알고 있는 다른 선배에게 일에 대한 배경이나 목적을 확인하고 일을 진행했을 것이다.

하지만 맥락 없는 지시를 받았을 때는 매우 막막하고 심한 경우에는 황당하기도 했을 것이다. 물론 바쁘게 일하다 보면 긴급하게 요청할 수도 있다. 마음은 그렇지 않지만 차근차근 설명해줄 여유가 없어서 그럴 수도 있다. 이처럼 회사라는 지독히 바쁜 공간에서 현실적인 소통은 자기계발서에서 주장하는 이상적인 소통과는 전혀 다를 때가 많다. 조금 더 많은 정보를 제공하고, 그 일에 대한 배경이나 목적을 설명해주면 좋지만 실상은 그렇지 않은 경우가 너무 많다.

간혹 만들어야 하는 결과나 그에 대한 자신의 입장만을 이야기 하는 경우도 있다. 이때도 소통의 상대방은 난감해질 수밖에 없다. 나아가 그 일에 개입되는 것 자체가 썩 내키지 않을 수도 있다. 그런데 무엇보다 일을 잘하려면 일과 관련된 사람의 마음을 얻어야 한다. 업무를 지시하거나 도움을 받고 싶다면 상대방에게 그 일을 하고 싶은 마음이 들도록 해야 한다.

인간은 기계나 컴퓨터가 아니기 때문에 단순한 명령어만으로 작동되지 않는다. 사람의 머릿속에는 이성이 존재하고 나름의 논리구조가 형성되어 있기 때문이다. 이는 일과 관련된 소통에서 놓쳐서는 안 되는 부분이기도 하다. 해야 하는 이유, 일이 필요한 배경, 지금까지의 연혁 등에 대해 가급적 충분하게 소통해야 하는 이유가 여기에 있다.

일을 통해 원하는 성과를 얻기 위해서는 일을 둘러싸고 있는 다양한 사람들의 참여를 이끌어내고 그들의 협조나 지원을 얻어야 한다. 그리고 이를 위해서는 자신의 의견과 입장만 짧게 이야기하는 것이 아니라 그 일이 왜 중요한지, 왜 필요한지에 관해 상대방이 납득과 이해가 되도록 소통해야 한다. 소통을 통해 그 일을 해야 하는 이유를 설명해야 하고, 그 이유들로 사람들의 마음과 머리를 움직이게 할 때 소통을 통한 협업이 조화롭게 이뤄진다.

모두가 얻을 수 있는 이익을 말하라

일을 진행할 때 더 많은 사람들의 적극적 참여를 유도하고 협조를 얻는다는 것은 결코 쉬운 일은 아니다. 사람마다 각자에게 주어진 일이 있고 갖고 있는 역량도 모두 다르기 때문이다. 또한 환경이나 상황에 따라 참여나 협조의 정도가 다를 수밖에 없다. 그런데 소통을 한다는 것은 이와 같은 사람들의 마음을 움직여 그 일에 동참시키는 것이다. 그렇다면 어떻게 소통해야 사람들의 마음을 움직이고 우리가 하는 일에 적극적으로 참여시킬 수 있을까?

사람을 움직이는 여러 가지 요인들을 동기요인과 위생요인으로 구분할 수 있다. 동기요인과 위생요인의 구분은 일에 대한 만족을 주는 요인이 무엇인지가 기준이다. 동기요인은 사람이 일에 대한 동기부여를 위해 직무에 대해 만족을 늘리는 요인을, 위생요인은 불만족을 줄이는 요인을 말한다. 업무와 관련된 소통을 잘하려면 이 두 요인에 대해 충분히 이해하고 이를 잘 활용할 수 있어야 한다. 만약 어떤 일에 대한 논의를 진행하는 과정에서 한쪽 입장만을 설명한다면 그 논의는 더 이상 진행되거나 발전적인 방향으로 전개되기는 어려울 것이다.

예를 들어 프로젝트를 추진하는 과정에서 외부 협력업체와 논의를 할 때, 요구하는 품질 수준이 너무 높아서 협력업체가 난감해하는 경우라면 어떻게 하는 것이 좋을까? 이때 높은 수준의 품질은 우리 회사가 얻고자 하는 이익이다.

이런 경우에는 높은 수준의 품질이라는 우리의 이익처럼, 프로젝트를 통해 협력업체는 어떤 이익을 얻을 수 있는지 설명하고 이를 이해시켜야 한다. 그 이익이 진솔하고 친근한 관계일 수도 있고, 금전적인 추가 보상일 수도 있다. 어쨌든 협력업체가 원하는 이익이 무엇인지, 동기요인인지 위생요인인지 구분하여 이를 충족해주는 소통이 이뤄질 때 두 주체 모두 얻고자 하는 이익을 얻을 수 있을 것이다.

일을 해결하는 과정에서는 항상 한쪽만의 이익, 그리고 자신만의 입장을 고수하는 것은 바람직하지 않다. 보다 많은 사람들의 이익을 함께 고려하고 이를 이야기하는 것이 필요하다. 또한 팀 내에서도 나만의 성과와 이익이 아니라 모두의 성과와 우리의 이익을 위해 함께 소통해야 한다.

우리는 변화에
얼마나 민감한가?

"선 과장. 이번 고속도로 보수공사 입찰 제안 건은 잘 준비되어가
고 있지?"

지나가던 주 상무가 선 과장에게 묻는다.

"네. 제안서 준비는 다 끝났고 나머지 서류들만 확인해서 입찰
에 들어가면 됩니다."

주 상무는 선 과장 책상 한쪽에 놓여 있는 입찰제안서를 발견
하고는 제안서를 한 장씩 넘겨본다. 한참을 보던 주 상무가 애써
태연한 척 말한다.

"어떻게 제안서 내용이 하나도 달라진 게 없지. 이건 지난 제

안서를 그냥 붙여 넣은 것 같은데."

선 과장은 뜨끔한지 아무 대답도 하지 못한다.

어떻게 하나도 달라진 게 없지

아마 대부분 이와 비슷한 상황을 본 적이 있거나 어쩌면 이런 일의 당사자가 된 적이 있을 것이다. 비슷한 사업의 제안서나 일상적으로 만들어내는 보고서를 모두 다르게 작성하는 것은 힘든 일이다. 또한 누구나 일이 어느 정도 익숙해지면 자신의 경험 중에서 답을 찾게 된다.

경험을 토대로 답을 찾는 것은 좋지만, 과거에 만들어진 산출물을 그대로 재활용한다면 결과가 어떻게 될까? CEO로서 일하기 위해서는 스스로 그 결과물에 대해 책임져야 한다. 남들이 한 것을 그대로 사용하거나 예전에 만들었던 문서를 아무런 고민 없이, 자신의 생각이나 전략도 없이 그대로 찍어내는 것은 바람직하지 않다.

때론 아무도 모르게 넘어갈 수도 있다. 지난 일과 이번 일의 성격이나 과업이 동일한 경우라면 그냥 지나갈 수도 있다. 그러나 몇 십 억이 달린 초대형 프로젝트인데도 선 과장처럼 일한다면 이를 수긍할 사람은 없을 것이다.

만일 자신이 회사의 CEO이고 회사의 안정적 운영과 신규사업

정착을 위해 몇 백 억짜리 수주에 반드시 성공해야 하는 상황이라면 어떻게 할까? 분명 수주를 위해 어떻게든 차별화된 아이디어를 만들어내고, 새로운 전략을 치열하게 고민할 것이다. 그리고 주변에 어떤 변화의 징후들이 있는지, 경쟁사들은 어떤 움직임을 보이는지, 발주처는 어떤 생각을 하는지 등을 세밀하게 파악할 것이다. CEO는 자기 혼자서 모든 것을 다 할 수 없기 때문에 조직의 기능별로 임무를 부여한다. 이는 곧 CEO인 자기 대신 CEO로서 일을 하라는 뜻이다. 그런데 대신하라고 시킨 직원이 이처럼 일을 안일하게 한다면 CEO는 어떤 마음이 들까? CEO를 대신해서 일을 수행하는 사람은 반드시 CEO의 입장과 수준에서 고민하고 계산하고 해결할 수 있어야 한다.

안 보이는 것과 보지 않는 것은 다르다

／ SF 영화들은 주로 우주처럼 인간이 아직 도달하지 못한 미지의 세계나 지금은 알 수 없는 미래를 배경으로 한다. 〈마이너리티 리포트〉란 영화는 미래 사회에서 범죄를 미리 예측해 사전에 범죄자를 추적할 수 있는 시스템을 둘러싼 이야기다. 그렇다면 실제로 미리 일어나지도 않은 일을 사전에 예측하는 것이 가능한

것일까?

한치 앞도 내다볼 수 없고, 현재의 상황이 좋지 않다면 우리는 '막막하다', '앞이 보이지 않는다'고 말하며 불안해한다. 사람들이 미래에 일어날 일에 대해 알고 싶은 이유는 현재의 불안감 때문이다. 미래를 미리 알면 현재에서 어느 정도 대비하거나 준비할 수 있기 때문에 불안감을 줄일 수 있다. 그래서 사람들은 미래를 알고 싶어한다.

보이지 않는 것이 주는 느낌

만약 시장 환경이 녹록치 않아 오늘 어떤 일이, 내일은 어떤 일이 발생할지, 그리고 그런 일이 회사에 어떤 영향을 미칠지 알 수 없다면 사람들의 불안감과 미래를 알고자 하는 욕구는 더욱 커질 것이다.

그런데 이와 같은 거시적인 환경과 미래에 대해서 가장 답답함을 느끼는 사람은 CEO일 것이다. CEO는 회사 내에서 다른 사람들보다 높은 곳에 있기에 그 위치에서 더 넓고 더 멀리까지 한 눈에 볼 수 있다. 그런데도 맨 밑에서 보는 것과 똑같이 위에서도 아무것도 보이지 않는다면 그때의 답답함은 아래에 있는 누구보다 더 심할 것이다.

누구나 마찬가지다. 회사 일뿐만 아니라 자신의 삶과 생활에서도 나아가야 할 방향이 잘 보이지 않을 때, 가야 할 곳은 명확하지만 그 길이 잘 보이지 않을 때의 답답함은 매우 클 것이다.

그러나 무엇인가 잘 안 보인다는 것은 그나마 자신이 가고자 하는 길을 찾고 있으며 그 길을 찾기 위해 노력하고 있다는 증거다. 보려고 해야 잘 보이는지 보이지 않는지 알 수 있기 때문이다. 보통 직장인이라면 자신이 관심을 갖고 있는 일 중에서 눈으로 잘 보이지 않는 대상이 하나씩은 있을 것이다. 그래서 답답하고 안타까울 것이다. 그러나 분명한 것은 보려고 해도 보이지 않는 답답함이 보려고 하지도 않아 태평한 것보다는 훨씬 더 낫다는 점이다.

의도가 분명하면 잘 보인다

툭 하면 넘어져서 무릎을 다쳐오는 아이는 집에서도 마구 뛰어다니다 걸핏하면 사고를 친다. 주방에선 식탁에 있는 컵을 툭 쳐서 깨버리고, 거실에서 뛰다가 애써 가꾼 화분을 와르르 쏟아놓기도 한다. 이때 보통 어른들은 조심성이 없다며 꾸지람을 한다. 그러나 이 어린이는 노는 것이 마냥 좋고 노는 것 말고는 별로 신경 쓰거나 조심해야 할 대상이 없기 때문에 굳이 다른 것까지 볼 필요가 없다고 여길 수 있다.

그런데 조심성이 없고 관찰력이 없어 보이는 어린이라고 해도 숨겨둔 과자는 귀신같이 잘 찾아낸다. 충치 때문에 사탕이나 과자를 많이 먹지 못하도록 찾기 힘든 곳에 넣어두었어도 사탕이나 과자가 한두 개씩 감쪽같이 없어지는 것을 보며 놀란다.

성인들도 누구나 이런 어린이들처럼 자신이 보고자 하는 것, 찾고자 하는 것을 발견해내는 놀라운 능력을 갖고 있다. 자신의 일 역시도 조금만 신경을 써서 보고자 한다면 주변의 변화하는 모습을 놓치지 않고 볼 수 있다. 일에만 매몰되어 있으면 주변의 모습은 눈에 들어오지 않는다. 정해진 시간에 보다 나은 성과를 만들어야 하기 때문에 지나치게 한 가지 일에만 집중을 하다 보면 화분을 보지 못하는 어린이처럼 다른 것들은 보지 못하게 된다.

사실 집중과 몰입은 매우 중요한 역량이다. 이와 같은 집중은 몇 시간 혹은 며칠 정도의 짧은 과업을 수행하는 과정에서는 반드시 필요하다. 그러나 회사에서 일을 한다는 것은 100미터 달리기가 아니라 적어도 몇 년 혹은 십 수 년을 달려야 하는 마라톤이다. 따라서 회사에서 일을 할 때는 주위를 둘러싼 변화에 대해 늘 관심을 갖고 관찰해야 한다.

보려고 하지 않는 사람의 눈에 변화는 전혀 보이지 않는다. 차를 타고 가면서 똑같은 풍경을 볼 때 어떤 사람의 눈에는 그냥 하나의 풍경이지만, 다른 사람의 눈에는 어떤 나무가 몇 그루 있었고, 전신주가 몇 개 있었는지까지 보인다. 이 차이는 그 사람이 무엇을 집중해서 보고자 하는가에서 비롯된다. 변화는 보려고 할 때에만 보인다. 따라서 변화에 대한 민감한 태도를 바탕으로 자신의 일 또는 자신의 회사와 관련된 변화의 양상을 보려고 노력해야 한다.

뉴스와 일기예보는 매일 달라진다

／ 아침 출근시간 지하철 풍경을 보면 모두가 스마트폰으로 뭔가를 보느라 정신이 없다. 어제 보지 못했던 방송 프로그램을 보기도 하고, 해외에서 새벽에 벌어졌던 스포츠 경기를 다시 보기도 한다. 자신에게 필요한 정보를 검색해보거나 메일을 확인하기도 한다. 사람들은 이처럼 무엇인가를 보는 일로 하루를 시작한다.

새롭지 않아도 차이는 있다

사무실에 도착한 후에도 직장인들은 보통 인터넷으로 새로운 뉴스를 검색한다. 사실 이와 같은 기사들은 서로 비슷비슷하다. 연관기사라고 해서 적게는 10개에서 많게는 수십 개의 기사들이 한꺼번에 검색된다.

하지만 뉴스들이 모두 비슷해 보이지만 분명히 조금씩 차이는 있다. 그 뉴스가 담고 있는 정보나 내용에 차이가 있기도 하고, 사건이나 현상을 바라보는 관점이 조금씩 다르기도 하다. 강조하는 메시지가 다르기도 하다. 얼핏 볼 때는 똑같아 보이는 것도 세심하게 보면 조금씩 다른 점이 보인다.

회사에서 일을 하는 것도 매일매일 반복되는 일상처럼 보인다. 그 나물에 그 밥인 뉴스들처럼 하루하루, 일주일 일주일이 똑같아 보인다. 하지만 찬찬히 들여다보면 똑같은 하루는 없다. 어제 다르고 오늘 다르며 내일은 또 다를 것이다. 또한 일에 있어서도 그 의미나 배경이 변하고 있다는 것을 느낄 수 있다. 이뿐만 아니다. 회사의 건물이나 사무실은 변화가 없어도 회사를 둘러싼 환경이나 상황은 매일 바뀌고 있다. 때론 그 변화를 모두가 심각하게 받아들이기 전까지는 의식하지 못하지만, 분명히 조금씩 무언가는 변화하고 있다.

이와 같은 작은 차이, 미세한 변화를 발견할 수 있어야 한다. 그것이 매우 작은 새로움이라고 해도 의도적으로 일과 자신을 둘러싼 변화를 읽으려고 노력해야 한다. 작은 차이가 명품을 만들듯 작은 변화가 성공 또는 실패의 원인이 되기 때문이다.

예보에 따라 대비해야 한다

요즘의 일기예보는 날씨에 대한 다양한 정보를 제공한다. 날이 맑은지 흐린지 기온이 어느 정도인지는 물론 자외선지수, 불쾌지 수, 대기오염지수, 미세먼지농도, 식중독지수 등 부가적인 생활지수도 많이 알려준다.

일기예보는 매우 짧고 간결한 정보이지만 일상생활에 큰 영향을 미친다. 비가 많이 내린다고 하면 출근하기 전에 우산을 챙기거나 대중교통 대신 자동차를 타고 갈 것이다. 폭염주의보가 발령되었다면 가볍고 시원한 옷을 입을 것이다. 주말에 가족들과 여행을 가고자 할 때 자외선지수가 높다고 하면 선크림을 챙길 것이다.

이처럼 사람들이 일기예보를 통해 날씨를 확인하는 것은 날씨에 맞게 대비하기 위해서다. 일을 할 때도 날씨처럼 사전 확인을 통해 미리미리 준비해야 하는 것들이 있다. 회사에서는 다양한 수치와 지표들에 의해 다양한 방법으로 여러 측면에서 관리한다. 이 중에는 매출액이나 이익과 같은 재무적 지표들도 있고, 성과목표나 성과지표와 같이 성과관리를 위해 활용하는 지표들도 있다. 뿐만 아니라 환율이나 유가, 해외선물가격 등 환경 측면에서 체크해야 할 수치들도 있다. 이와 같은 숫자들은 수시로 변하고 있으며, 마치 날씨처럼 맑음과 흐림을 반복하며 때로 폭우와 한파도 일어난다.

CEO처럼 해결하기 위해서는 날씨에 따라 일상을 대비하고 생업을 준비하는 것처럼 민감성을 발휘하여 변화를 관찰하고 또 그에 맞게 대비해야 한다. 외부 변화를 바꾸는 것이 아니라 변화에 대응하고 대비하는 것이 중요하다. 날씨를 자기 마음대로 바꿀 수는 없지만 날씨에 따라 생활을 조절하는 것처럼 말이다.

자신에게 주어진 일 역시 주변의 날씨를 잘 읽고 이에 맞게 대비해야 한다. 비록 일기예보처럼 간결하게 한 눈에 들어오지 않더라도 스스로 복잡한 변수와 요소들을 종합적으로 판단하여 의미를 읽어내는 현명함이 필요하다.

자신의 내비게이션을 점검하라

／ 기계적인 장치들만 조립되어 있던 예전과는 확실히 다르게 새로 나오는 자동차는 첨단전자장비와 같다. 운전자를 위한 편의사양이 점점 더 많이 제공되고 있는데 그중 하나가 바로 차량용 내비게이션이다. 요즘은 자동차가 출고될 때부터 내비게이션이 내장되어 있는 경우가 많다.

그런데 이처럼 편리한 내비게이션 때문에 오히려 곤란을 겪은 경험이 한두 번씩은 있을 것이다. 한참 고속도로를 달리고 있는데 유턴을 하라는 안내가 나오기도 하고, 안내에 따라 큰 다리를 건너고 있는데 내비게이션 화면에는 물 위를 둥둥 떠가고 있는 표시가 나오기도 한다. 그리고 막다른 길이라 더 이상 앞으로 갈 수 없는데도 계속 직진을 하라는 안내가 나와 난감한 경우도 발생한다. 그 이유는 내비게이션이 업데이트되지 않았기 때문이다. 아무리 훌륭한 내비게이션이라고 해도 업데이트가 되지 않으면 바뀐 도로 사정을 안내하지 못한다.

새로운 지도 업데이트하기

직급이나 직무에 상관없이 회사에서 일하는 사람들은 모두 자신의 일 속에서 늘 새로운 지도로 업데이트를 하는 활동을 한다. 업계 정보, 경쟁사 동향, 고객사 변동, 최신 기술이나 트렌드 등을 수시로 찾아 확인하는 것이 바로 업데이트다. 최신의 지도가 내 머리 속에 업데이트되어 있지 않다면 자신의 업무에서 길을 찾고 정확한 결과를 만들어내기 어렵기 때문에 주기적인 업데이트가 반드시 필요하다.

기업을 둘러싼 환경은 내비게이션 속의 지도보다 훨씬 더 빠르게 변하고 있다. 월 단위로 무엇이 바뀌는 것이 아니라 어제와 오늘, 지금 이 순간에도 매우 빠르게 변화하고 있다. 이와 같이 빠른 변화를 읽을 수 있어야 한다. 물론 조금 불편해도 업데이트가 덜 된 내비게이션을 보며 운전을 할 수 있는 것처럼, 주어진 일을 과거의 정보나 자료로도 그럭저럭 수행할 수는 있다. 성과에 크게 영향을 미치지 않는다면 말이다. 그러나 자신이 실행하고 있는 일이 매우 중대하고 민감한 사업이라면, 1분 1초를 다투고 0.1%의 오차도 범해선 안 되는 상황이라면 업데이트되지 않은 정보 때문에 생긴 작은 부작용이 사업 전체를 위험하게 만들 수도 있다.

어느 조직이든 관행적으로 일을 하는 사람보다는 늘 새로운 변화를 추구하고 새로운 시도를 하는 사람을 선호한다. 자신의 일에 대해 조금이라도 남들과 다른 각도로 생각하고 차별화된 아이디어를 접목하려는 사람이 인정을 받는다. 이를 위해서는 오랫동안 업데이트하지 않은 낡은 내비게이션이 아니라, 언제 어디서 누구든지 길을 물어도 최적의 경로를 척척 알려주는 따끈따끈한 최신 버전의 내비게이션이 되어야 한다. 변화에 대한 민감성을 바탕으로 자신의 일과 정보, 나아가 자기 자신을 늘 업데이트할 때 CEO처럼 문제를 해결할 수 있다.

목적지 설정하기

회사의 모든 일에는 목적이 있다. 그 목적은 경영활동을 위해 각 기능별로 수행되는 산출물을 만들어내는 것이다. 부서와 구성원의 일을 통해 부서와 개인마다 각각 다른 목적이 이뤄질 때 큰 틀에서 이뤄지는 회사의 경영활동이 전체적인 목적을 달성할 수 있다.

여행을 떠날 때는 무엇보다 먼저 목적지를 설정해야 한다. 어디로 갈지 정해야 여행을 준비할 수 있고 실제로 여행을 떠날 수 있다. 물론 그냥 배낭 하나 달랑 메고 훌쩍 떠나듯, 아무런 목적지와 계획도 없이 발 닿는 대로 여행을 떠날 수도 있다. 이런 여행을 통해 이 구경 저 구경을 하며 세상의 시름을 곳곳에 버리고 다니기도 한다.

그러나 목적지가 없는 여행조차 목적은 분명히 있다. 바로 스트레스를 없애는 것이 이 여행의 목적이고, 그 목적을 이룰 수 있는 방법으로 계획 없이 다니는 것을 선택하는 것이다.

이처럼 모든 일마다 있는 목적이 명확해야 그 일을 하는 방법도 명확해질 수 있다. 변화를 추구할 때도 목적지 없이 그냥 떠나는 것이 아니라 명확한 변화의 목적지를 입력해둘 필요가 있다. 어디로 가고자 하는지 목적지를 정해놓고 변해야 한다. 목적 없는 변화는 맹목이다.

우리의 실행력은
어느 수준인가?

금요일 아침 7시 30분. 김 팀장은 어제 마무리한 일을 다시 한 번 점검하기 위해 평소보다 이른 시간에 출근을 했다. 사무실에 아무도 없으려니 하고 들어갔더니 항상 출근시간이 다 되어서야 출근하는 홍 과장이 나와 있는 것이 아닌가?

저희가 하기엔 어려운 일이었습니다

／ 누군가가 사무실에 들어왔다는 인기척도 듣지 못한 홍 과장

은 그 이른 시간에 누군가와 통화를 하고 있었다. 아무도 없는 조용한 사무실이라 홍 과장의 전화 내용은 멀리 떨어져 있는 김 팀장에게도 똑똑히 들렸다.

"저기… 지난번에 요청하신 프로젝트, 이번에 저희는 제안이 어렵겠네요. 진행되는 다른 일들도 많고, 인력도 부족하고 해서…. 죄송하지만 저희 회사에서 이번 건은 제안을 포기하는 것으로 하겠습니다."

그 순간 김 팀장은 머리카락이 쭈뼛 솟구쳤다. 공식적인 보고는 물론이고 지나가는 말로도 전혀 공유되지 않았던 일이기 때문이다. 홍 과장이 통화를 끝낼 때까지 기다린 김 팀장은 몇 차례 심호흡을 한 후, 회의실로 홍 과장을 불렀다.

"홍 과장, 전화를 얼핏 듣게 되었네. 어떤 건이고 어느 고객사죠?"

김 팀장은 조용히 묻는다. 홍 과장은 머뭇머뭇하며 쉽게 답을 하지 못하다 한참 후에야 대답을 시작했다.

"A사에서 요청한 건입니다. 신규 제안 건인데…"

"제안 요청을 언제 받았지?"

자신의 대답에 곧바로 다른 질문을 하는 김 팀장과 달리 홍 과장은 한참 뜸을 들인 후에야 대답한다.

"지난 주 수요일입니다."

김 팀장은 다시 홍 과장에게 묻는다.

"왜 제안을 포기하려고 하는 거지?"

한참 정적이 흐른 후 힘들게 홍 과장이 입을 떼었다.

"요청 받은 제안이 저희에겐 어려운 것 같습니다."

"…"

하고 싶은 말이 너무나 많았지만 김 팀장은 아무 말 없이 회의실을 빠져 나왔다.

만약 자신이 홍 과장처럼 고객사로부터 다소 어려운 제안을 요청받게 된다면 어떻게 하겠는가? 또는 자신이 김 팀장이었다면 이와 같은 상황에서 어떻게 하겠는가? 아마 이 이야기에서 김 팀장은 이미 지나가버린 십 여 일, 그리고 짧지 않은 그 시간 동안 모든 정보를 숨기고 있었던 홍 과장에게 실망한 것으로 보인다. 그리고 무엇보다 어려운 일이라고 해서 포기해버리는 태도에 대해서도 화가 났을 것이다.

포기는 또 다른 포기를 만든다

만약 이 건이 회사나 팀의 몇 개월 분량의 사업이었거나 팀의 연간 목표 중 많은 부분을 차지하는 규모였다면 결코 그냥 넘어갈 수 없을 것이다. 또한 수주의 가능성이 매우 낮더라도 고객사가 회사의 매출에 지대한 영향을 미치는 주요고객이라면 고객과의 신뢰에도 큰 문제가 될 수 있다.

아마도 홍 과장 자신이 사업부나 팀의 성과를 책임지는 자리에 있다면 일이 다소 복잡하고 벅차더라도 이처럼 쉽게 포기하지는 않을 것이다. 그리고 특히 CEO라면 중요한 고객과의 관계와 신뢰라는 가치를 더욱 깊이 고려하며 신중하게 판단할 것이다. 어렵기 때문에 무엇인가를 포기한다는 것은 그 일만을 포기하는 것이 아니라, 그 일을 포기함으로써 회사가 포기해야 할 다른 것들도 많아진다는 의미이기 때문이다.

간단히 나의 일로만 보이는 많은 일들은 사실 우리 팀의 일, 나아가 우리 회사의 일이다. 포기로 인해 실행 자체를 하지 않는다면 자신과 회사 모두 아무것도 얻을 수 없다.

하찮은 일은 없다

／ 매번 똑같은 것을 하라고 하면 좋아할 사람은 없다. 의미가 없어 보이거나 보람을 느끼기 힘든 일이라면 더욱 그렇다. 하지만 가정이든 회사든 반복되는 일들은 매우 많다. 단지 그 일을 둘러싼 상황이나 맥락이 달라져 조금씩 다르게 보일 뿐 본질적으로는 똑같은 일들이 되풀이되는 경우가 빈번하다.

언제나 아침에 일어나면 세수를 하고 아침밥을 먹는다. 누구나 항상 다니는 길을, 늘 이용하는 교통편을 이용해 출근한다. 하지만 이런 일들이 귀찮거나 지겹지 않은 이유는 아침마다 먹는 반찬이 조금씩 달라지기도 하고 간혹 거를 때도 있기 때문일 것이다. 항상 다니는 길, 늘 이용하는 교통편이지만 그날그날에 따라 번잡함이 다르고 탑승하는 사람들이 약간씩 다르기 때문이다.

귀찮을 순 있지만 하찮은 일은 없다

출근을 위한 행동들은 매우 반복적이지만 관련된 주변 상황은 조금씩 달라진다. 이처럼 조금씩 다른 상황에 주목하면 출근길은 흥미진진까진 아니더라도 참기 힘들 정도로 귀찮거나 지겨운 일은 아닐 수 있다.

하지만 '귀차니즘'을 이겨내고 출근에 성공해 정작 일을 할 때가 되면 다시 귀찮은 대상들을 만난다. 매우 단순하게 여겨지는 일, 얼마 전에 했던 일, 관심이 없는 분야의 일, 분명 결과가 눈에 보이고 해도 표가 나지 않을 것 같은 일…. 다양한 이유들이 일 자체를 귀찮고 지겹게 만든다.

하지만 이런 것들은 귀찮긴 하지만 할 수 없는 일들은 절대로 아니다. 단지 시작하기도 전부터 마음에서 걸러져 하고 싶지 않은 일이라는 생각이 들 뿐이다. 실행을 위해서는 이와 같은 부정적인 감정이 개입되지 않도록 노력해야 한다. 그리고 미리 어떤 일에 대해 섣불리 판단하는 것 역시 조심해야 한다.

일이란 것은 다 해보기 전까지는 알 수가 없다. 설령 지금은 하찮게 보여도 나중에는 그 일이 자신과 회사에 매우 큰 의미가 될 수도 있다. 일에 있어서 하찮은 것은 없다. 단지 귀찮고 지겨울 뿐이다. 실행이라는 단계까지 가려면 실행하기도 전부터 밀려오는 부정적 감정을 반드시 이겨내야 한다. 해야 할 일을 귀찮은 일, 하찮은 일로 여긴다면 그 일을 성공적으로 완수할 수 없다.

어려운 것은 있어도 못할 것은 없다

건강에 대한 관심이 갈수록 늘고 있다. 이에 따라 다이어트나 피트니스와 관련된 방송 프로그램이 많이 방영되고 있다. 이런 프로그램들을 보면 꾸준한 운동으로 만들어진 근육질의 트레이너, 요가를 통해 아름다운 몸매를 가꾼 트레이너가 출연해 다소 힘들고 어려운 동작을 가르쳐준다. 시청자들은 종종 저 동작을 따라하면 나도 저렇게 되겠지 하는 상상을 하게 된다.

그러나 사실 트레이너가 가르쳐주는 동작을 실제로 따라 하는 일은 무척 힘들다. 쉬워 보여도 막상 몸을 움직여보면 생각처럼 잘 움직이지 않는 경우가 다반사다. 게다가 한두 번까지는 억지로 했지만 그 이상 반복하려면 너무 힘들고 몸이 뻐근해 포기하고 싶은 마음이 간절해진다.

이처럼 처음하거나 오랜만에 하면 누구에게나 운동은 어렵다. 기초체력이 갖춰져 있지 않은데다가 평소 사용하지 않던 근육을 쓰는 일 자체가 힘들기 때문이다. 하지만 초반에 찾아오는 몇 번의 어려움을 극복하고 나면 어느 순간부터는 그리 어렵지 않게 원하는 동작을 해낼 수 있게 된다. 어려웠던 짧은 순간만 극복했을 뿐인데 길고 깊은 보람이 생기는 것이다.

일을 하다 보면 오랜만의 운동보다 훨씬 큰 어려움을 만나게 된다. 관련 지식이 충분하지 않거나, 비슷한 일을 했던 경험이 한 번도 없음에도 불구하고 반드시 그 일을 수행해야 할 때가 있다. 뿐만 아니라 일을 실행하는 과정에서 겪게 되는 다양한 변수들과 장애들로 인해 지금까지 일하던 방식으로는 부족할 때가 있다.

그러나 쉽게 좌절하거나 포기하는 것은 결코 올바른 자세가 아니다. 어려운 순간을 이겨내면 못할 것 같은 동작도 내 것이 되듯, 일 역시 다소 어려움이 있어도 못할 것은 없기 때문이다. 어려운 것과 못하는 것은 다르다. 어려운 것은 할 수는 있는데 하기 힘들다는 것이고 못하는 것은 아예 할 수 없는 것이다.

자신이 가진 역량보다 어려운 일을 실행한다는 것은 기초체력을 키우고 평소 쓰지 않던 근육을 발달시키는 것과 같은 과정이다. 그 일을 해결하는 과정에서 일과 관련된 지식과 기술을 습득

하고 익히게 된다. 그리고 한 번도 해보지 않았던 일, 한 번도 시
도해보지 않았던 방법과 해결을 위한 새로운 전략들을 실행하게
된다. 모든 일을 실행함에 있어 어려움은 그 순간뿐이며, 이는 반
드시 극복할 수 있는 대상이다. 어려움은 있어도 불가능은 없다
는 자세는 귀찮음과 하찮음으로 자신의 일을 폄하하지 않는 자세
와 함께 실행력의 튼튼한 버팀목이 된다.

모든 경험은 연륜이 된다

/ 걸음마를 하는 아기가 넘어지는 것이 두려워서 기어 다니기
만 한다면 어떻게 될까? 세상의 모든 아이들은 어려움을 극복하
여 과거로 회귀하지 않고 다시 더 어려운 동작을 위해 힘쓴다. 일
어섰다 넘어졌다 다시 일어서는 동작을 반복하면서 자신의 신체
를 활용하는 방법, 균형감, 거리에 대한 원근감 등 다양한 것들을
머리와 가슴과 몸으로 배우고 익힌다. 이와 같은 경험을 통해 아
기는 점점 성장한다.

경험만큼 중요한 학습은 없다
아이든 성인이든 경험만큼 중요한 학습방법은 없다. 기업은 구성

원을 자사가 원하는 인재로 육성하기 위해 많은 노력을 기울인다. 다양한 제도와 교육 프로그램을 통해 학습할 수 있는 인프라와 기회를 제공하고 있다. 그러나 이와 같은 교육 프로그램보다 가장 빠르고 정확한 학습방법은 실제 업무를 통한 학습이다. 이것이 공식학습Formal Learning뿐만 아니라 비공식학습Informal Learning 역시 중요하게 여기는 이유다.

이와 같은 비공식학습은 다양한 형태로 이루어진다. 대표적인 방식이 OJTOn the Job Training나 CoPCommunity of Practice인데 이와 같은 방식들이 어느 정도 제도화된 기업도 많다. 그러나 이런 제도화된 학습보다 더 좋은 것은 완전히 비공식적인 실제 경험이다. 공식적인 학습보다는 간접적인 경험을 하게 하는 비공식학습이, 그것보다 그냥 맨땅에 헤딩하듯 직접 경험을 하게 하는 방법이 가장 좋은 학습방법이라는 것이다.

실행이 학습이다

회사에서 업무를 실행하는 과정에서는 수많은 사람들을 만나고 헤어지며 또 그들과 부딪히고 소통하게 된다. 이 수많은 사람들은 모두 다양한 지식과 경험을 가지고 있다. 선배나 상사와 같이 자신보다 더 많은 경험을 한 사람들과 일에 대해서 논의하며 함께 문제를 해결하는 과정은 그 자체로서 매우 효과적이고 유용한 학습이 된다.

이런 학습은 반드시 일을 통해서만 이뤄지는 것은 아니다. 때로는 휴식시간에 상사와 커피 한 잔을 함께 나누는 대화 속에서도, 때로는 야근을 시작하기 전 선배가 해주는 몇 마디 조언을 통해서도 자연스럽게 학습이 이뤄진다. 나아가 선배나 상사들이 일을 실행하는 과정을 곁에서 지켜보는 관찰만으로도 큰 교훈을 얻을 수 있다.

그중에서도 가장 중요하고 가장 효과적인 학습방법은 결국 스스로 실행해보는 것이다. 누구나 젖 먹을 힘은 가지고 태어나듯, 사람은 누구나 스스로 학습할 수 있는 능력이 있다. 자신에게 주어진 일을 실행한다는 것은 바로 또 하나의 일에 대한 경험이자 학습이다. 일을 통해 성공과 실패를 경험하기도 하고, 일에 있어서 새로운 시도를 해보기도 한다. 이 과정에서 일과 관련된 지식과 기술을 탐색하고, 이를 수행하면서 적용하는 등 다양한 자기학습이 일어난다. 실행을 통해 얻는 다양한 경험이 가장 좋은 학습이고, 이 학습을 통해 결국 자신의 역량을 기를 수 있다. 경험을 쌓는 실행만큼 중요한 학습은 없다.

경험은 보이지 않게 쌓인다

많은 사람들이 주말이면 경치가 좋은 산과 계곡을 찾는다. 대자

연이 살아 있는 숲에는 항상 아름드리나무들이 많이 있다. 그런데 이 나무들은 밑동의 크기나 둘레를 보면 대략 어느 정도 나이를 먹었는지 산출할 수 있다. 나무는 생장주기가 있으며 한 주기가 끝날 때마다 나이테가 하나씩 늘어난다. 그래서 나무를 가로로 잘라보면 한 겹 한 겹 나이테가 쌓여 있는 것을 볼 수 있다. 이 나이테를 한자로는 연륜年輪이라고 한다.

이처럼 나무의 연륜은 크기나 둘레를 통해 대략 알 수가 있지만, 사람의 경험과 역량은 알아내기가 어렵다. 자신의 분야에서 얼마만큼의 나이테를 쌓고 있는가? 우리 회사는 또 얼마나 되는 둘레의 경륜을 갖고 있을까? 자신의 경력기술서를 작성해본다면 그동안 직장생활을 통해 해왔던 일들을 순서대로 꼼꼼히 기록하며 자신의 경험과 연륜을 돌아볼 수 있을 것이다. 그 기록들에는 그동안 자신이 해왔던 많은 경험이 들어 있을 것이다. 그리고 그것들이 쌓여 나이테처럼 자리 잡고 있을 것이다.

하지만 경력기술서를 쓰지 않아도 자신의 경험은 이미 그 사람의 경륜이 된다. 자신이 아닌 누군가 역시 당신의 경력기술서를 보지 않아도 경험을 통해 쌓인 그 사람의 연륜을 어림짐작할 수 있다. 아름드리나무를 잘라 나이테를 확인하지 않아도 나무의 수령을 대략 짐작할 수 있듯이 말이다.

모든 사람의 경력에는 일과 관련된 경험들이 차곡차곡 쌓여 있다. 단지 눈에 보이지 않을 뿐이다. 일과 관련된 다양한 경험을 쌓는다는 것은 자신의 역량을 축적한다는 것과 같은 말이다. 이와 같은 경험이 나이테처럼 쌓이면 이것이 경력이 되고 연륜이 된다. 지금 당장 눈에 보이지 않더라도 거듭되는 실행이 경험과 역량이 되어 한 사람을 거목으로 만들어낸다.

모든 일은 실행에 달려 있다

╱ 모든 실행에는 준비가 필요하다. 그러나 치밀한 준비가 실행의 걸림돌이 될 때도 있다. 사실 회사생활을 하다 보면 준비가 너무 길어져서 일이 진행되지 않는 경우가 더러 발생한다.

결정되는 것은 아무것도 없이 반복되는 회의, 지나치게 길어져서 실행의 의욕을 꺾는 검토 등을 거쳐 이제 드디어 시작해도 되나 보다 하고 생각하면 별로 중요하진 않지만 먼저 해야 할 또 다른 일이 생겨 정작 해야 할 일은 한참 뒤로 밀려날 때가 있다. 실행은 하나도 되지 않은 채 시간만 흘러가는 것이다.

준비운동은 간단하게

수영을 할 때 준비운동 없이 물에 풍덩 뛰어들면 위험하듯 일을 할 때도 앞뒤 가리지 않고 일단 부딪쳐서는 안 된다. 먼저 일의 순서나 절차를 생각하고, 사전에 더 좋은 방법을 충분히 고민해야 한다. 또한 다양한 자료나 참고해야 할 서류를 찾아보고, 필요하다면 다른 사람들과 그 일에 대해 논의도 해야 한다.

그러나 문제를 실제로 해결하기 위한 실행보다 자료조사와 고민에만 매달리다 보면 그 일을 해결해야 할 골든타임을 놓쳐버리고 에너지까지 다 소모하는 경우가 일어난다. 준비운동에 너무 많은 시간을 허비했기 때문이다. 준비운동을 하지 않는 것도 위험하지만 준비운동을 너무 많이 하는 것도 바람직하지 않다. 사실 준비운동에 너무 많은 시간을 쓰게 되는 이유는 실행을 위해 필요한 요소들을 잘 정리하지 못했기 때문이다.

훌륭한 수영선수는 적절한 수준의 준비운동을 한다. 다른 준비는 경기가 시작되기 한참 전에 충분한 훈련을 통해 다 해둔다. 그러나 수영 초보는 물에 들어가기 전에 너무 많은 준비운동을 한다. 정작 물에 들어가서 써야 할 에너지, 물에서 보내야 할 시간까지 준비운동에 소진하는 것이다.

실행을 할 때 효율성을 고려하지 않을 수는 없다. 모든 일에는 시간이 정해져 있으며 그 시간을 어떻게 쓰느냐에 따라 성패가 갈리는데 이때 중요한 것이 바로 효율성이기 때문이다. 그래서 제시간에 원하는 수준의 성과를 만들기 위해서는 일의 단계를 잘

나눈 다음, 계획된 시간에 맞춰서 진행하는 사전 준비가 반드시 필요하다. 하지만 지나치게 복잡한 생각, 정리되지 않은 일의 순서는 실행의 장애요인이 된다. 따라서 미리 자신의 일과 관련된 생각과 프로세스를 잘 정리해둬야 한다. 그래야 쓸데없는 준비운동을 줄일 수 있고 더 많은 시간과 에너지를 실행이라는 단계에 집중할 수 있다.

실행 없이 해결 없다

사람들은 누구나 인생을 살면서 많은 것들을 계획한다. 학업과 취업을 계획하고, 가족을 계획하고, 은퇴 후를 계획한다. 특히 신년이 되면 1년 동안 이뤄야 할 일들을 계획하며 성공을 결심한다. 하지만 그 결심이 오래 가는 사람은 드물고 계획한 것을 반드시 해내는 사람은 더욱 드물다.

혹시 하고 있는 일들 중 마치 실패한 신년 결심처럼 계획에만 머물러 있는 것은 없는가? 계획만 짜고 끝나는 일은 없는가? 꼭 해야지, 언젠간 해야지, 다음엔 더 잘해야지 하는 생각만 무성할 뿐 여전히 미완성으로 남아 있는 일들은 없는지 돌아보자. 실행하지 않고 이룰 수 있는 것은 아무것도 없다. 계획은 실행을 위한 준비일 뿐, 계획만으로 해결되는 기적은 일어나지 않는다.

모든 일에는 PDS^{Plan-Do-See}라는 사이클이 있다. 이 PDS는 영

어 단어 그대로 계획과 실행과 평가를 말한다. 일을 위해서는 계획을 잘 짜는 일도 중요하고 실행한 결과를 돌아보며 반성하고 개선하는 과정도 필요하다. 하지만 그것보다 중요한 것은 바로 실행이다. 해결은 계획과 평가만으로 이뤄지지 않는다. 계획과 평가 사이의 공란에 실행이란 단어가 채워져야 계획과 평가 모두 의미가 생기며 직면하고 있는 문제를 해결할 수 있다.

회사와 함께 하는
성장을 꿈꾸는가?

"너는 커서 뭐가 될래?"

어릴 적 어른들이 자주 묻던 말이다. 미래에 대한 꿈이 있는지 미래에 하고 싶은 것이 있는지 알고 싶어서, 때로는 미래에 대한 생각을 확인함으로써 어린이의 특성과 됨됨이를 확인하기 위해서 어른들은 지금도 아이에게 커서 무엇이 되고 싶은지 묻는다. 하지만 이 질문은 아이들뿐만 아니라 직장인에게도 필요하다. 나아가 직장인 스스로 자신에게 지속적으로 던져야 할 질문이다.

너는 커서 뭐가 될래?

사실 '커서 무엇이 될 것인가?' 하는 질문에 답하는 일은 결코 쉽지 않다. 많은 철부지들이 대통령과 미스코리아라고 답했던 과거에 비해 요즘 어린이들은 이 질문을 더욱 힘들어한다. 사실 미래에 대한 질문은 가보지 않고, 경험하지 않은 것을 묻는 것이기에 답변이 어려울 수밖에 없다.

하지만 '무엇이 되고자 하는가?' 라는 질문은 어려울 때 한 방 쳐주는 해결사가 되고자 하는 사람이라면, 남들이 정해놓은 성공이 아니라 자신이 정의한 성공을 이루고자 하는 직장인이라면 끊임없이 자문자답해야 할 주제다. 나아가 무엇이 될 것인가에 관한 스스로의 대답은 자신에게 줄 수 있는 가장 충실한 선물이자 가장 따끔한 충고다.

자신의 가치는 자신이 만든다

╱ 회사생활을 시작한지 얼마 되지 않은 사원이나 대리 때는 없던 고민들이 점점 직급이 올라가면서부터 생기기 시작한다. 차장이 되고 부장이 되면서도 고민이 없어지기는커녕 더욱 깊어질 뿐 전혀 해결되지 않는다. 과연 직급이 올라갈수록 깊어지는 고민들

은 어떤 것일까?

그것은 바로 미래에 대한 고민이다. 앞으로 어떻게 살 것인가, 나중에 무엇이 될 것인가 하는 현실적인 고민 말이다. 하지만 스스로 던지는 이와 같은 질문에 자신 있고 명확하게 답을 할 수 있는 사람은 매우 드물다.

밥을 먹여주던 시대는 끝났다

기업을 둘러싼 환경은 끊임없이 바뀌고 있다. 20년 전은 차치하고 10년 전, 5년 전과 비교해도 그 전과는 다른 현재의 환경을 보며 놀랄 때가 많다. 예를 들어 90년대 말까지만 하더라도 연공서열, 정년퇴직이라는 제도가 조직에 속한 사람을 안전하게 지켜주었다. 그러나 몇 번의 위기를 겪고 난 지금은 기업 역시 무한경쟁에서 살아남기 위해 더 이상 누군가를 안전하게 지켜줄 수 없는 시대가 되었다. 이제 어떤 상황에서도 자신의 미래는 본인 스스로 지켜나가야 하는 시대가 된 것이다.

드물기는 하지만 주변을 둘러보면 이와 같이 어려운 상황 가운데 조직의 울타리 밖에서도 성공하는 사람들을 볼 수 있다. 이런 사람들은 오히려 기업에 속해 있을 때보다 더 나은 삶을 살고 있고 더 열심히 살고 있다. 이와는 달리 대부분의 사람들은 기업이라는 큰 틀을 벗어난 상황에서 고전을 면하지 못하고 있다.

조직 밖이라는 위험한 환경에서 더 큰 성공을 이어가는 사람과 생존조차 위험한 사람의 차이는 어디서 비롯되는 걸까? 무엇보다 그 차이는 얼마나 준비를 했는지일 것이다. 누구에게나 생길 수 있는 갑작스런 변화 또는 위기상황은 일시적으로 그 사람을 막막하게 만든다. 하지만 다르게 생각해보면 그런 상황은 언제나 올 수 있기 때문에 항상 준비가 되어 있어야 한다. 대비가 부족할 경우 미래는 불안하게 다가와 깊은 시름이 될 것이고, 준비를 제대로 하지 못하는 불안감과 초조감이 항상 자신을 짓누를 것이다.

진정한 실력은 조직 안에 있든 바깥에 있든 드러나기 마련이다. 그리고 조직 안에서든 밖에서든 똑같이 인정을 받는다. 직장생활을 하고 있는 동안에는 회사가 자신에게 제공하고 있는 기회와 인프라를 충분히 누릴 수 있다. 하지만 이런 혜택들을 가만히 앉아서 즐기기만 해서는 안 된다. 오늘 밥을 먹는다고 내일도 밥을 먹는다는 보장은 없다. 그 안에서 자기 스스로가 자신의 인프라가 될 수 있도록 끊임없이 노력하고 투자해야 한다. 스스로의 인프라를 견고하게 만드는 것이 경력관리이고 경력개발의 시작이기 때문이다.

일과 미래를 매칭하라

사람들은 대부분 자신의 미래를 선택할 때 '나는 무엇을 할 수 있을까? 라고 묻는다. 하지만 미래를 선택하는 순간, 내가 무엇을 할 수 있을까라는 질문은 허울 좋은 구호에 지나지 않는 막연한 질문이다. 또한 할 수 있다는 이유 때문에 무엇을 선택한다면 나중에 너무도 많고 치열한 경쟁을 자초하는 악수가 될 가능성이 크다. 왜냐하면 내가 할 수 있는 일은 다른 누군가도 할 수 있는 일일 가능성이 매우 높기 때문이다.

같은 업종, 같은 직종에 있다고 해도 그 사람이 회사에서 하는 일은 매우 다양하다. 이와 같은 일은 크게 내가 하고 싶은 일, 내가 할 수 있는 일, 내가 잘할 수 있는 일로 나눠볼 수 있다. 미래를 위한 올바른 선택을 위해서는 이 일들 중에서 내가 할 수 있는 일이 아니라 내가 하고 싶은 일 또는 내가 가장 잘할 수 있는 일이 무엇일까라는 물음에 스스로 해답을 찾아야 한다.

지금 자신이 회사에서 하고 있는 일은 이 중에서 무엇에 해당하는지 솔직히 생각해보자. 아마 자신이 하고 싶은 일을 하고 있다고 답하는 사람은 많지 않을 것이다. 그리고 잘할 수 있는 일을 하고 있다는 사람 역시 별로 없을 것이다. 대부분의 직장인은 하고 싶은 일이나 잘할 수 있는 일이 아니라 현재의 내 일이 내가 할 수 있는 일이고, 단지 그 일을 더 잘하기 위해 노력하고 있다고 답변할 것이다.

현재 소속된 직장에서 최선을 다하는 것은 직장인의 당연한 의무이자 올바른 자세다. 그러나 현재의 일에 최선을 다한다는 핑계로 제2의 인생 준비를 소홀히 하는 것은 자기기만이 될 수 있다. 따라서 현재에 최선을 다하되 더 노력하여 미래를 충실히 준비해야 한다.

SNS 등의 매체를 통해 직장생활을 끝낸 후 자신이 정말 하고 싶은 일을 선택해 성공하는 사람들의 이야기를 볼 때가 있다. 오지가 너무 좋아 가족들과 세계 각국의 오지로 여행을 떠나 그곳에서의 여행 경험을 책으로 엮어내 여행 작가로 성공하는 사람도 있고, 자전거 타기를 즐기다 잘 다니던 회사를 그만둔 후 자전거 세계 일주를 경험한 이후 자전거 세계여행 가이드가 된 사람도 있다.

자신이 가장 잘하는 일을 선택해서 성공하는 사람들도 있다. 해외영업에서 뛰어난 실력을 회사와 해외 고객사에서 인정받던 사람이 퇴직 후에 고객사의 제안으로 해외 고객사의 국내 지사를 만들어 크게 성공한 경우도 있다.

하지만 이런 경우는 그리 흔하지 않다. 불가능한 것은 아니지만 현실적으로 생각해보면 리스크가 너무 크기 때문이다. 성공한 사람들의 이야기를 위해서는 수많은 사람들의 실패의 이야기가 필요하다. 실패의 이야기는 숨어들고 성공의 스토리만 드러나기 때문에 나타나는 성공의 착시현상을 항상 경계해야 한다.

바람직한 미래 준비를 위해서는 자신이 현재 하고 있는 일과 미래를 같은 눈으로 살펴봐야 한다. 또한 어느 한쪽에만 치우치는 자세는 경력이라는 관점에서도 바람직하지 않다. 따라서 현재에 충실하면서도 미래를 위해 차근차근 준비해야 한다. 좋아하는 일을 위해 하고 있는 일을 그만둔다거나, 가장 잘 할 수 있는 일을 선택하기 위해 할 수 있는 일을 팽개쳐버리는 것은 '전부 또는 전무'처럼 위험하기 때문이다.

가장 좋은 미래에 대한 준비는 자신이 현재 회사에서 하고 있는 일과 자신의 미래를 연결해가는 것이다. 회사는 자신의 미래에 훌륭한 무기가 될 경험과 경력을 쌓아주는 요새와 같다. 따라서 이 요새를 더욱 공고히 함은 물론, 요새 안의 자신을 더욱 강한 전사로 만드는 전략이 필요하다. 올바른 경력개발은 방향성없이 이루어지는 것이 아니라 현재의 일을 통해 미래의 가고자 하는 방향에 맞게 준비하는 과정이기 때문이다.

자신의 커리어 플랜을 점검하라

／ 요즘 초등학생들을 보면 아침부터 저녁 늦게까지 무척이나 바쁘다. 수학, 영어, 태권도, 수영, 피아노, 미술 등 꽉 짜여진 스

케줄 때문이다. 자녀의 미래에 대해 깊은 고민을 할 수밖에 없는 부모의 입장에서는 과연 우리 아이가 무엇을 잘할까, 어느 분야에 소질이 있을까 검증하는 것이 당연하다.

그리고 자녀의 소질과 재능을 확인하거나 확실히 검증할 때까지 여러 분야에 걸쳐 다양한 시도를 해보게 된다.

도면 없이 삽질하지 마라

회사를 다니는 직장인들 역시 매우 분주하다. 업무가 엄청나게 많음에도 불구하고 자기계발 또는 경력개발을 위해 퇴근 후에 MBA 과정이나 대학원을 다니기도 하고 외국어강좌를 수강하기도 한다. 이와 같은 노력이 미래 준비의 일부일 수도 있고 현재의 불안감을 잠시 잠재우는 데도 도움이 된다. 그러나 미래를 위한 이런 노력들이 명확한 목표나 방향이 없는 상태에서 이뤄진다면 그 과정이 끝난 후에는 다시 이전부터 늘 맴돌던 고민들이 머릿속을 더욱 어지럽게 할 것이다.

물론 경력개발 활동은 필요하다. 하지만 가장 먼저 해야 할 것을 빠트린다면 현재의 투자와 노력이 미래에는 무용지물이 될 수 있다. 따라서 자신의 미래에 대해 명확한 답을 찾기 위해서는 경력계획을 점검하는 것이 먼저다. 자신의 경력목표를 먼저 설정한 다음 그 목표를 달성하기 위한 경력경로를 그려야 한다.

이와 같은 경력에 관련된 설계도를 바탕으로 경력개발을 해나가는 것이 바람직한 순서다. 경력계획이 없는 상태에서 하게 되는 다양한 노력은 마치 설계도면도 없이 땅을 파고 벽돌을 쌓은 일과 같다. 점점 쌓아가다가 어느 정도 모양이 나왔을 때야 자신이 원했던 건물이 아님을 안다면 공사 중이던 건축물을 부순 후 처음부터 다시 시작해야 한다. 경력개발 역시 명확한 목표와 경로 없이 하다 보면 이와 같은 삽질이 될 수 있다.

또한 회사의 일 역시 이와 같은 토대에서 이루어지는 것이 바람직하다. 경력개발을 위해 공부가 아닌 일이 더 중요할 때도 있다. 진정한 실력은 실행에서 나오고, 실행을 통해 얻는 경험보다 더 가치 있는 역량은 없기 때문이다. 그렇다고 공부를 소홀히 하고 현업에만 매진해야 한다는 의미는 아니다. 큰 방향의 경력목표와 경력개발경로에 따라 학습이든 현업이든 자신에게 적합한 코스를 선택하는 것이 중요하다는 의미다.

자신이 그린 경로를 따라가라

최근 기업에서는 직원의 경력개발을 위해 전환배치, 순환보직, 직무이동, 직무공모 등 다양한 제도를 운영하고 있다. 과거에는 연공서열에 의한 승진제도 위주의 인사운영이 일반적인 경력경로로 인식되었다. 하지만 최근에는 조직의 형태와 기능이 다양해지고 수행해야 할 직무의 성격 역시 다양해지고 있다. 이에 따라 새로운 직무 유형과 직급 유형이 나타날 뿐만 아니라 개인의 성향과 목표가 다양해짐에 따라 다양한 형태의 경력경로Career Path 가 생겨나고 있다.

기업에서 다양한 경력개발제도를 마련하고 경력개발의 기회를 부여하는 가장 큰 이유는 직원의 폭넓은 개발 요구를 충족하기 위해서다. 회사는 경력개발제도의 운영으로 다양한 일을 배우고 싶어하는 직원의 경력향상 욕구를 충족해줄 수 있을 뿐만 아니라 여러 가지 업무를 통해 좀 더 거시적이고 폭넓게 생각하는 인재를 확보할 수 있게 된다.

구성원 역시 자신의 경력단계를 발전시켜 나갈 수 있고 자신이 설계한 경력계획에 맞게 역량을 개발할 수 있다. 그리고 회사 내에서 자신의 업무에 최대한 충실하되, 업무와 관련된 주변 업무를 경험할 기회를 갖게 된다. 현재 자신이 하고 있는 일뿐만 아니라 연관된 분야의 직무에 늘 관심을 갖고 폭넓은 사고를 유지한다면 좀 더 다양한 기회를 만날 수 있을 것이다.

경력개발에서 가장 중요한 것은 자신이 그린 경로를 따라가는 것이다. 조직의 상황이나 환경에 따라서 잠시 흐트러질 수 있으나, 처음 자신이 그린 경력경로를 잊어버리면 아무것도 이룰 수 없음을 유념해야 한다.

회사는 지금 한 명의 CEO를 키우고 있다

／ 직장인은 늘 피곤하고 분주하다. 일이 많기도 하지만 그 일의 수행을 위해 요구되는 수준도 점점 높아지고 있다. 잠깐 외근을 나갔다 오거나 하루 정도 휴가만 다녀와도 어느새 해결해야 할 일이 수북하게 쌓여 있을 것이다.

일이 최고의 학습기회다

이처럼 일이 많다 보니 새로운 것을 배우기 위해 외부 세미나나 컨퍼런스 같은 행사에 참가하는 것은 엄두도 내지 못하는 경우가 많다. 퇴근시간 이후에 진행되는 수업을 받으려고 해도 저녁 늦게까지 이어지는 업무와 회식 때문에 제대로 다 참여하지 못 할 것 같아 아예 신청조차 안 하게 된다. 설령 아주 큰 맘 먹고 야간 교육과정에 나가기 시작했다고 해도 바로 다음날 엉망이 된 컨디션 때문에 죽상이 되고 만다. 이에 따라 그나마 쪼갤 수 있는 시간이라곤 출퇴근 시간이 전부다. 이 자투리 시간을 활용해 스마트폰으로 이러닝 외국어학습을 하는 것으로 위안을 삼을 뿐이다. 이처럼 직장인에게 공부라는 것은 참 제약이 많은 일이다.

하지만 공부는 따로 시간을 내야만 할 수 있는 것이 아니다. 일상에서 하고 있는 일 자체로도 좋은 학습의 기회를 만들 수 있다.

자신의 업무와 관련된 다양한 정보와 자료들은 매우 유익한 학습 도구다. 자신이 얻고자 하는 만큼 관련된 지식을 마음껏 얻을 수도 있다. 현재 자신이 하고 있는 일은 가장 좋은 경력개발 도구이며, 가장 훌륭한 학습기회다. 단지 그것을 인식하지 못하거나 인정하지 않고 있을 뿐이다.

일에 대해 논리적으로 사고하는 것, 일을 세분화하고 구조화하는 것은 자신의 일에 대한 사고력을 높여준다. 또한 일을 해결하는 과정, 사람을 만나 소통하고 논의하는 과정 역시 매우 좋은 학습의 기회다. 다양한 사람들을 만난다는 것 자체가 사람을 이해하고 수용하는 능력을 길러준다. 아울러 일과 관련된 다양한 견해를 수용하기도 하고 자신의 관점을 설득하거나 새로운 대안을 협의하는 능력도 길러준다.

이처럼 일을 하는 과정을 통해 자신도 모르는 사이에 앞으로 갖추어야 할 역량을 쌓고 있으며, 그 수준을 높이고 있는 것이다. 회사에 속해서 일을 한다는 것은 단순히 월급을 받기 위한 일차원적인 목적만 있는 것은 아니다. 그 조직이 가진 프로세스와 시스템을 배우고, 업무의 실행과정에서 자신의 역량을 쌓아가는 것도 일의 또 다른 목적이 된다.

따라서 자기계발 또는 경력개발을 위해 공식적인 학습 기회를 만드는 것도 중요하지만, 업무 과정 속에서도 스스로 학습기회를 만들어 자신의 경력단계를 높이고 경력경로를 의도적으로 찾아가야 한다. 이때 무엇보다 배우려는 자세와 의욕을 갖고 일한다면 더 많은 것을 배울 수 있을 것이다.

스스로를 경영할 준비를 하라

말 그대로 100세 시대다. 인간의 평균수명은 점점 늘고 있으며 이에 따라 일을 할 수 있는 나이도 점점 많아지고 있다. 요즘은 직장에 몸담고 있다가 그 직장을 떠났다고 해서 곧바로 모든 일을 그만두는 사람은 거의 없다. 대부분 다른 형태로 노동을 이어간다. 생계를 위해서든 여가활용을 위해서든 퇴직 이후에도 계속해서 일을 하는 것이 현실이다.

이처럼 스스로 완전한 은퇴를 결심하기 전까지 일은 어떤 형태로든 계속된다. 제2의 인생을 이어가는 것이다. 이에 따라 많은 직장인들은 제2의 인생을 어떻게 살아야 할까 고민한다. 30대는 30대, 40대는 40대, 또 50대는 50대대로 제2의 인생을 고민한다.

그렇다면 몇 년 후, 또는 몇 십 년 후 펼쳐질 제2의 인생 속 자신은 어떤 모습일지 생각해보자. 직장인인 지금은 대부분 비슷한 모습이겠지만 제2의 인생 속의 우리의 모습은 매우 다양할 것이다. 자신의 전문성을 토대로 프리랜서 활동을 하는 사람도 있을 것이고, 회사 생활을 통해 축적된 경험과 자본으로 자영업을 하는 사람도 있을 것이다. 한 가지 직업이 아닌 여러 가지 직업을 동시에 수행하는 사람도 있을 것 같다. 뿐만 아니라 현재로서는 상상하지 못하는 모습, 지금은 생각하지도 못하는 다양한 일과 직업이 제2의 인생으로 나타날 것이다.

그런데 중요한 것은 어떤 형태이든 제2의 인생 속 우리의 모습은 모두 CEO로 존재할 것이라는 사실이다. 어떤 업종에서 어떤 형태로 일을 하든 제2의 인생 속 우리들은 모두 한 사람 한 사람이 바로 CEO일 것이다. CEO는 자신을 스스로 경영하는 사람이다. 직장을 벗어나 자신의 일을 갖는다는 것은 자기 스스로 CEO가 되는 것이다. 어느 누구도 나의 월급을 알아서 챙겨주지 않는다. 모든 선택은 오로지 자신이 결정하는 것이고 모든 수입을 자신이 벌어 와야 한다.

지금 여기에서 앞으로의 시간을 미리미리 충실히 준비한 사람은 어떤 어려움이 닥쳐오고 높은 고개가 와도 이를 극복할 수 있다. 하지만 아무런 준비도 없이 고비와 위기를 맞는다면 무척이나 곤란하고 난감할 것이다. 직장생활을 한다는 것, 회사에서 일을 한다는 것은 스스로를 경영할 경험을 쌓는다는 큰 의미가 있다. 일을 통해 회사의 운영과 관련된 시스템을 배우고, 관계를 관리하고 일을 조정하며, 돈을 다루는 방법을 배우고 있는 것이다.

회사와 동반성장하라

CEO는 경영에 대한 모든 책임을 지는 사람이다. 또한 지금 CEO 가 아닌 사람도 결국엔 CEO가 될 것이다. 현재 소속된 회사에서 CEO가 될 수도 있고, 다른 회사의 CEO가 될 수도 있고, 프리랜 서나 자영업자로서 CEO가 될 수도 있다. 어떤 형태의 CEO가 될 지는 아무도 모른다. 하지만 직장 안에서 최고의사결정권자가 되 는 순간, 또는 직장을 나와 스스로의 일을 결정하는 순간 우리는 그동안 느껴보지 못했던 CEO의 외로움과 괴로움과 부담감과 무 게를 한꺼번에 경험할 것이다.

회사에서 일을 한다는 것은 CEO로서의 경험을 미리 하는 것 이다. 따라서 회사나 조직을 자신의 틀 안에서 자신의 좁은 범위 안에서만 보는 것이 아니라, 조금 더 높고 넓은 관점에서 통찰할 필요가 있다. 회사가 성장한다고 그 회사의 모든 구성원이 성장 하는 것은 아니다. 마찬가지로 구성원이 성장한다고 그가 속한 회사가 커지는 것은 아니다.

그러나 분명한 것은 큰 조직이 큰 인재를 품을 수 있고, 큰 인 재는 조직을 키울 수 있다는 사실이다. 자신의 경력목표와 경력 경로에 소속된 회사가 걸림돌이 되는가? 그렇다면 더 이상 끌탕 하지 말고 과감하게 회사를 그만둔 후 새로운 도전을 하는 것이 맞다. 그러나 가장 좋은 경력개발의 방법은 회사와 함께 동반성장하는 것이다. 대기업이 중소기업과 동반 성장하듯, 회사와 구성원이 함께 성장하는 것이야말로 회사와 구성원 모두에게 윈윈 win-win이 되는 최고의 경력개발전략이다.

마음을 다스려라

살면서 드문드문 듣게 되는 말이다. 큰 실패로 좌절감에 빠진 친구에게 '힘내라! 이제 마음을 가다듬어야지!' 하는 우정의 덕담을 건네기도 하고, 회사생활에 대한 회의감으로 퇴사를 고민하는 후배에게 '다 그런 거야! 너무 실망하지 말고 감정적으로 대응하지 마. 무엇보다 마음을 잘 다스려야 한다.' 하며 진심 어린 조언을 건네기도 한다. 그리고 때로는 자신이 누군가로부터 마음을 다스리라는 격려와 질책을 받기도 한다.

마음을 다스려야 한다. 자신의 마음을 잘 다스려야 어떤 일이든 성공할 수 있다. 마음을 다스리는 것은 동서고금을 막론하고 변함없는 성공의 법칙이다. 그런데 잘 생각해보면 이 마음을 다스린다는 말은 올바른 마음은 고이 품고 바르지 못한 마음은 과감히 버리라는 의미일 것이다. 갖고 있어야 하는 마음, 간직해야 할 마음, 보관해야 마땅한 마음은 자기 것으로 만들고, 좋지 않은 마음, 갖고 있어도 별로 도움이 안 되는 마음, 그래서 폐기와 제거가 필요한 마음은 내다 버리라는 의미다.

인생의 주인으로서 살아가기 위해서는 CEO의 마음을 품어야 한다. 이 마음을 갖고 CEO처럼 고민하고, CEO처럼 계산하고, CEO처럼 해결해야 한다. 정복해야 할 자신만의 정상에 오르기 위해서는 CEO의 마음이 아닌 것들을 버려야 한다.

남이 정해놓은 성공을 곧이곧대로 받아들이는 마음, 자신의 잣대가 아니라 남의 잣대로 자신을 마름질하는 마음, 스스로가 아니라 남이 시켜야 하는 마음을 과감하게 폐기해야 한다. 그래야 CEO처럼 일할 수 있고, 내 인생의 CEO로 살 수 있다.

모쪼록 이 책을 읽은 독자가 자신의 인생과 일의 CEO는 오로지 나 자신밖에 없으며, CEO로서의 성공을 위해서는 어떤 분야이든 어떤 위치이든 CEO의 마음가짐으로 일해야 한다는 생각을 통해 자신의 마음을 다스리는 일에 성공하기를 진심으로 기원한다.

내 인생의 CEO는 이 지구상에 오직 나 한 사람뿐이다.

성공의 첫 번째 비결

CEO처럼 일하라

제1판 1쇄 발행 | 2016년 9월 12일
제1판 4쇄 발행 | 2018년 8월 10일

지은이 | 김상배 · 장병휘
펴낸이 | 한경준
펴낸곳 | 한국경제신문 한경BP
외주편집 | 김선희
저작권 | 백상아
홍보 | 정준희 · 조아라
마케팅 | 배한일 · 김규형
디자인 | 김홍신
본문디자인 | 디자인현

주소 | 서울특별시 중구 청파로 463
기획출판팀 | 02-3604-553~6
영업마케팅팀 | 02-3604-595, 583 FAX | 02-3604-599
H | http://bp.hankyung.com   E | bp@hankyung.com
T | @hankbp   F | www.facebook.com / hankyungbp
등록 | 제 2-315(1967. 5. 15)

ISBN 978-89-475-4141-1   03320